Der Ball war rund

Dieter Mans

Der Ball war rund

Die Umverteilung der Chancen
im Zeitalter der Kommerzialisierung

Ein Essay über den europäischen Spitzenfußball

PETER LANG

Frankfurt am Main · Berlin · Bern · Bruxelles · New York · Oxford · Wien

Bibliografische Information der Deutschen Nationalbibliothek
Die Deutsche Nationalbibliothek verzeichnet diese Publikation
in der Deutschen Nationalbibliografie; detaillierte bibliografische
Daten sind im Internet über http://dnb.d-nb.de abrufbar.

Umschlaggestaltung
© Olaf Gloeckler, Atelier Platen, Friedberg

ISBN 978-3-631-62528-6
© Peter Lang GmbH
Internationaler Verlag der Wissenschaften
Frankfurt am Main 2013
Alle Rechte vorbehalten.

www.peterlang.de

Vorwort

Sport soll fair sein. Niemand darf seine Chance auf einen Sieg durch den Einsatz unfairer Mittel steigern. Um dies zu garantieren werden leistungssteigernde Mittel verboten, sofern es sich um Doping und eng reglementiert, sofern es sich um technische Hilfsmittel handelt. Auf diese Weise kann man in Einzelsportarten einen fairen Wettbewerb sicherstellen. Fast. Heute unterstützen auch in den Einzelsportarten ganze Stäbe von Betreuern den einzelnen Athleten um durch zumeist technologische Innovationen einen entscheidenden Vorteil zu erzielen. So wurden beispielsweise Badehosen durch Schwimmanzüge ersetzt, was aber letztlich den fairen Wettbewerb durch die allgemeine Verbreitung dieser vorteilhaften Badebegleitung nicht behindert hat. Als niemand mehr bevorteilt war, konnte man diese für die Sportler eher lästige Innovation wieder verbieten.

Bei Mannschaftssportarten wie Fußballergibt sich unter dem Aspekt der Fairness ein grundsätzlich neues Problem: Während in einer Einzelsportart einer Leistungssteigerung durch die Eigenschaften der jeweiligen Person zumeist recht enge Grenzen gesetzt sind, können in einer Mannschaft leistungsschwächere durch leistungsstärkere Spieler ersetzt werden. Was in einer Einzelsportart unmöglich ist, etwa aus einem Durchschittsläufer einen nationalen Meister zu machen, ist im Fußball kein prinzipielles Problem: Man muss nur so viel neue hochkarätige Spieler in die Mannschaft einfügen, bis die geforderte Leistungsstärke erreicht ist.

Die Voraussetzung dafür sind finanzielle Mittel, um in den Spielerkader zu investieren. Und damit stellt sich die Frage nach der Fairness der Leistungssteigerung einer Mannschaft über den Transfermarkt. Fragen nach der Fairness sind normative Fragen, also Fragen danach, ob man bestimmte Handlungsweisen zulassen oder einschränken soll. Bevor man solche normativen Fragen diskutiert, sollte man einen Blick auf die empirischen Verhältnisse werfen, denn Änderungen sind ja nur dann sinnvoll, wenn sich die Verhältnisse im Fußballsport in eine normativ nicht akzeptable Richtung entwickelt haben. Dies versucht der vorliegende Essay, indem er vier europäische Ligen - Bundesliga, Premier League, Primera División und Serie A - daraufhin untersucht, wie sich die Chancen der Vereine in diesen Ligen entwickelt haben. Hat die Kommerzialisierung des Fußballs zu einer zunehmenden Dominanz weniger Vereine geführt oder haben sich die Chancen der Vereine in den Topligen nicht systematisch verändert? Die statistische Analyse belegt eine Umverteilung der Chancen hin zu wenigen den europäischen Fußball dominierenden Vereinen. Anschließend werfen wir einen

6

vergleichenden Blick auf eine nordamerikanische Profiliga, um zu prüfen, ob eine ganz andere Form der Regulierung die Risiken des europäischen Spitzenfußballs vermeidet. Insgesamt machen die hier vorgelegten empirischen Belege deutlich, warum es sinnvoll sein kann, den normativen Diskurs über Fairness im Fußball zu intensivieren.

Bei diesem Projekt haben mich viele insbesondere bei der Dateneingabe und Endredaktion unterstützt. Ihnen allen gilt mein herzlicher Dank.

Dieter Mans, im Mai 2012

{}

Inhaltsverzeichnis

Einleitung

Der Ball ist rund. Diese auf den ersten Blick inhaltsleere Formulierung sagt uns so viel, oder besser, so wenig, wie die Behauptung, dass Goldmünzen aus Gold sind oder Vierecke vier Ecken haben. Denn unrunde Bälle kann es ebenso wenig geben, wie Goldmünzen aus Holz oder Eisen. Und doch gehört diese Formulierung zu den Sepp Herberger zugeschriebenen Fußballweisheiten. Im Fußball gebraucht man sie, um die Unkalkulierbarkeit des Spiels auszudrücken. Jeder Spielausgang ist möglich, expect the unexpectable. Der runde Ball steht symbolisch für die aus der Unkalkulierbarkeit des Spiels resultierende Spannung das Unerwartbare doch möglich zu machen. *Der Ball ist rund* ist so gesehen eine empirisch fundierte Fußballweisheit und nicht eine offensichtlich falsche, weil widersprüchliche, Behauptung.

Tatsächlich ist die Fußballgeschichte reich an unerwarteten Spielresultaten und besonders in Deutschland kann man auf das *Wunder* von Bern verweisen, wo die deutsche Mannschaft 1954 die hochfavorisierten Ungarn schlagen und so Weltmeister werden konnte. Solche Fußballwunder belegen geradezu Herbergers Weisheit, nach der im Fußball auch immer das Unwahrscheinliche möglich ist. Auch der Blick auf die Bundesligasaison 2010/11 belegt die Unberechenbarkeit des Fußballs. Borussia Dortmund[1] wird Deutscher Meister, nachdem die Mannschaft bereits zur Saisonhalbzeit mit großem Vorsprung die Tabelle anführte. Zum Saisonbeginn hatte kaum einer der Trainer Dortmund als kommenden Meister auf der Rechnung. Getippt wurde - wie fast immer - auf den FC Bayern München[2]. Die Meisterschaft von Dortmund nach einer souveränen Saison war nicht die einzige Überraschung. Mannschaften wie Hannover und Mainz konnten sich für den Europapokal qualifizieren, während es für Schalke und Hamburg anders als erwartet nur für einen Platz im Mittelfeld reichte. Eintracht Frankfurt spielte eine starke Hinrunde und es schien, als könne das angepeilte Ziel von 50 Punkten erreicht werden, aber nach einer schwachen Rückrunde stieg die Mannschaft ab.

Die Liste der überraschenden Wendungen ließe sich durch Blick auf andere Mannschaften, Spielzeiten oder einzelne Spiele fortführen. Zu den Überraschungen gehört sicher auch die schwache Saison vom VfL Wolfsburg, immer-

---

1   Wir verwenden Vereinsnamen immer so, dass sie im Kontext ihrer Verwendung eindeutig sind. Da es beispielsweise nur einen Dortmunder Verein in der Bundesliga gibt, kann die Zufügung Borussia entfallen, ohne die Eindeutigkeit der Referenz zu gefährden.

2   16 von 18 Trainern haben auf die Bayern getippt (Bild 2012).

hin Deutscher Meister 2007/08 und drei Jahre später mitten im Abstiegskampf. Blickt man allerdings aus einer veränderten Perspektive auf die Saison 2010/11, dann entdeckt man eher Vertrautes. Unter den ersten vier Mannschaften sind der Seriensieger Bayern München und Bayer Leverkusen, auch als Vizekusen verspottet, weil die Mannschaft keinen Titel schafft und ein Abonnement auf zweite Plätze zu haben scheint. Bayern München und Bayer Leverkusen werden wie so oft Champions League[3] spielen und selbst die Meisterschaft von Dortmund ist nicht so unerwartet. Immerhin war die Mannschaft in der Saison vor der Meisterschaft -2009/10 - 5ter. Das Spielgerät mag zwar rund sein, aber als Metapher für die Unberechenbarkeit des Spiels ist es doch etwas irreführend. Wer die vorderen Plätze einer Liga vorhersagen will, der sollte besser nicht mit allzu großen Überraschungen rechnen.

Ein Blick über die Grenzen liefert weitere Belege, denn auch dort werden die Ligen von wenigen international erfolgreichen Vereinen dominiert. In Spanien scheint sich die Meisterschaft regelmäßig zwischen zwei Vereinen zu entscheiden: Wenn der FC Barcelona nicht Meister wird, wird es Real Madrid oder umgekehrt. In der Saison 2010/11 wird es der FC Barcelona, Real Madrid wird Zweiter und beide Mannschaften liegen weit vor dem Dritten. Die Meisterschaft wird dort durch eine unerwartete Niederlage der beiden Topfavoriten gegen eine der schwächeren Mannschaften und natürlich durch das direkte Duell El Clásico entschieden. 2011 gewinnt der FC Barcelona das Champions League Finale gegen Manchester United. Die Engländer wiederum sind Meister in der Premier League; und diese Liga dominieren sie seit Jahren mit Chelsea, Arsenal, Liverpool, wobei seit kurzem auch Manchester City Chancen auf eine Teilnahme in der Champions League hat. Neben Spanien, England und Deutschland dominiert noch Italien die Champions League und dort ist in der Saison 2010/11 der AC Mailand - eine von wenigen die Serie A dominierenden Mannschaften - Meister.

Nimmt man die Resultate in der Champions League zum Maßstab, dann gibt dreiüberragende europäische Ligen. In alphabetischer Reihenfolge sind dies die englische Premier League, die italienische Serie A und schließlich die spanische Primera División. Seitdem die Champions League 1999 auf 32 Vereine aufgestockt wurde, kommen alle Sieger bis auf Ausnahmen aus einer dieser drei Ligen. Die beiden Ausnahmensind der Gewinn der Champions League durch den FC Bayern München 2000 und den FC Porto 2003. Prägend ist nicht nur die Dominanz dreier Ligen, es ist auch eine überschaubare Anzahl von Mannschaf-

---

3   Für die europäischen Wettbewerbe verwenden wir die aktuellen Bezeichnungen Champions League und Europa League.

ten mit einer reellen Titelchance. Die Gewinner der Champions League seit
1999 sind:

1999	Real Madrid	Spanien
2000	Bayern München	Deutschland
2001	Real Madrid	Spanien
2002	AC Mailand	Italien
2003	FC Porto	Portugal
2004	FC Liverpool	England
2005	FC Barcelona	Spanien
2006	AC Mailand	Italien
2007	Manchester United	England
2008	FC Barcelona	Spanien
2009	Inter Mailand	Italien

Die Überlegenheit weiniger Mannschaften wird noch erdrückender, wenn
man die Größe ihrer Ligen berücksichtigt. In jeder dieser Ligen konkurrieren
jeweils 20 Mannschaften um die nationale Meisterschaft. Von den insgesamt 60
Vereinen aus den drei stärksten Ligen beherrschen insgesamt weniger als 10 die
faktische Europameisterschaft der Vereinsmannschaften. Der Abstand zum Rest
von Fußballeuropa wird noch deutlicher, wenn man die Zahl der an der Champions League teilnehmenden Ligen aus 53[4] in der UEFA organisierten Verbän-
den berücksichtigt, von denen die meisten freilich ohne Chance auf einen Titel
sind und eigentlich nur dazu dienen, eine bestimmte Anzahl von Spielen zu si-
chern um so Einnahmen zu gewährleisten. Beckenbauers oft zitierte Behauptung, die Europa League - bis 2008 UEFA-Cup - sei der Pokal der Verlierer gilt
bis auf wenige Mannschaften auch für die Champions League: Von den 32
Mannschaften der Gruppenphase hat nur ein geringer Anteil eine Chance auf
einen Titelgewinn: Der Rest kann für eine Sensation, für ein statistisch unwahr-
scheinliches Resultat sorgen, eine Chance auf den Titelgewinn hat er nicht. Diese statistisch seltenen, aber wegen der Vielzahl von Spielen numerisch häufigen
Sensationen sind scheinbare Belege für Herbergers Fußballweisheit: Wenn David immer wieder gegen Goliath gewinnen kann, dann muss der Ball rund sein
und das Unerwartete erwartbar. Aber David verliert fast immer gegen Goliath,
biblische Wunder sind auch in Fußballstadien die Ausnahme.

Wie lange kann die Dominanz weniger Vereine andauern? Ist es spannend
zu beobachten, ob der FC Barcelona oder Manchester United oder der AC Mai-

---

4   Stand Ende 2011.

land oder Inter Mailand oder vielleicht doch eine von fünf weiteren Spitzenmannschaften die Champions League gewinnen? Oder soll man auf das Unwahrscheinliche hoffen, dass wieder einmal ein Außenseiter wie der holländische oder portugiesische Meister zur besten europäischen Vereinsmannschaft wird? Ironischerweise sind die am Fußball Interessierten an einer schlüssigen Folge von Wünschen und sich daraus ergebenden Schlussfolgerungen beteiligt, die insgesamt ein möglicherweise kontraproduktives Resultat produzieren:

1. Die Fußballfans wollen hochklassige Spiele sehen.
2. Deswegen sind die Einschaltquoten bei Spitzenbegegnungen hoch.
3. Deswegen werden hohe Einnahmen erzielt und die Spitzenmannschaften profitieren überproportional davon.
4. Deswegen können sich die Spitzenmannschaften höhere Investitionen in gute Spieler leisten.
5. Deswegen werden wenige reiche Clubs den Wettbewerb dominieren und jene hochklassigen von den Fans gewünschten Spiele liefern. Dass die erfolgreichen Mannschaften sich durch eine weitere Kommerzialisierung wie Sponsoring und Merchandising weitere Einnahmequellen erschließen können, verfestigt ihren Vorsprung.

Der nicht intendierte Nebeneffekt ist dabei aber die abnehmende Spannung. Ein Wettbewerb ist nur dann spannend, wenn es mehrere mögliche Resultate mit nicht verschwindender Wahrscheinlichkeit ihres Eintretens gibt. Je mehr sich die Gesamtwahrscheinlichkeit auf wenige mögliche Resultate des Wettbewerbs konzentriert, desto mehr verliert ein Wettbewerb an Spannung. Diese Wahrnehmung drückt sich auch in Formulierungen aus der Sportberichterstattung zur Bundesliga aus, wie *die Meisterschaft ist wieder spannend geworden, weil plötzlich noch drei Vereine Meister werden können*. Ein Dreikampf um die Meisterschaft ist nun einmal spannender wie die Dominanz eines Vereins. In der Champions League ist die Spannung selbst in der Gruppenphase überschaubar, weil durch die unterschiedliche Spielstärke nur wenige Vereine eine statistisch substantielle Chance auf den Gewinn der Champions League haben.[5] Selbst in der KO-Phase, also mit dem Beginn des Achtelfinales, sind einige Mannschaften ohne reelle Chance auf den Titelgewinn. So gesehen war es eine kleine Sensation, als Schalke 04 2011 den Vorjahressieger Inter Mailand im Viertelfinale besiegen konnte. Allerdings wurden die Erwartungen im Halbfinale bestätigt, als Schalke gegen Manchester United chancenlos nach zwei Niederlagen ausschied. Um die Chancen der Bundesliga-Vereine in der Champions League zu verbes-

---

5   Ein Blick auf die im Internet genannten Wettquoten belegt diese Behauptung.

sern werden gelegentlich Vorschläge unterbreitet, die wenigen Spitzenclubs der Bundesliga höhere Einnahmen garantieren würden, damit sie besser mit der reicheren ausländischen Konkurrenz mithalten können. Das grundsätzliche Problem der Dominanz der Champions League durch wenige Vereine würde durch diese patriotische Korrektur nicht beseitigt und wahrscheinlich würde die Dominanz einer Mannschaft in der Bundesliga eher verfestigt.

Wie ist diese Dominanz weniger Vereine in nationalen Ligen und in der Champions League zu erklären? Nach einer weiteren Fußballweisheit von Herberger besteht eine Mannschaft aus 11 Freunden.[6] In den letzten Jahrzehnten ist zu den 11 Freunden nicht nur in den Spitzenclubs ein 12ter Freund dazugekommen, genau genommen handelt es sich eher um einen virtuellen Freund, das große Geld. Das große Geld macht aus Fußball ein Sportereignis, wahlweise ein Produkt oder ein Event. Lange vorbei sind die Zeiten, wo die Bundesliga sich glücklich schätzen durfte, dass das Fernsehen in der Sportschau und im aktuellen Sportstudio von ihren Spielen berichtete und so für sie warb. Mit dem Eintritt des Privatfernsehens braucht die Bundesliga nicht mehr das öffentlich rechtliche Fernsehen, aber das öffentlich rechtliche Fernsehen braucht die Bundesliga. Längst sind neben den Fernseheinnahmen Merchandising und Sponsoring zu wichtigen Einnahmequellen geworden, wodurch die ursprüngliche Einnahmequelle, der Verkauf von Zuschauerkarten, zunehmend an Bedeutung verloren hat. Das Sportereignis wird zur Ware mit weltweit sehr guten Vermarktungschancen. In Deutschland ist der Einfluss des 12ten Freundes durch die 50 + 1 - Regel beschränkt. Durch diese Regel wird die ökonomische Beherrschung eines Fußballclubs durch einen Investor verhindert. Deswegen gibt es kein deutsches Chelsea, keinen deutschen AC Mailand und kein deutsches Manchester City. Abramowitsch, Berlusconi oder Scheich Mansour könnten aus rechtlichen Gründen eine deutsche Mannschaft nicht übernehmen, um sie mit hunderten Millionen von Euros an die europäische Spitze zu führen oder dort zu halten. Aber gleichwohl ist auch in Deutschland der Einfluss des 12ten Freundes unverkennbar. Ein überragender junger Spieler wie der Schalker Torwart Neuer geht zu Bayern München, weil Bayern München der einzige Club mit der Möglichkeit zweier Angebote ist: Die Mannschaft spielt praktisch immer in der Champions League und das dadurch mögliche Gehalt liegt deutlich über den Möglichkeiten der Konkurrenz in der Bundesliga. Vielleicht könnten wenige Vereine ein halbwegs vergleichbares finanzielles Angebot machen, einen dauerhaften Platz in der Champions League kann außer den Bayern kein Verein in Deutschland faktisch garantieren. Für junge überragende Spieler ist deswegen in Deutschland

---

6   Das Zitat, *elf Freunde müsst ihr sein*, wird Sepp Herber zugeschrieben.

Bayern München immer die wichtigste Option, zumindest dann, wenn sie Champions League spielen oder ihr Einkommen optimieren möchten.

Auch wenn der FC Bayern gegenwärtig nicht ganz mit den europäischen Spitzenclubs mithalten kann, so hat der 12te Freund doch die Verhältnisse in der Bundesliga beeinflusst. Während Bayern München nach dem Aufstieg in die Bundesliga zwar durch die Ausnahmespieler Beckenbauer und Müller national wie international erfolgreich war, konnten sie in den 70er Jahren die Liga nicht dominieren, weil sie mit Borussia Mönchengladbach einen Konkurrenten auf Augenhöhe hatten. Ab den 80er Jahren hat sich dies zu einer Ligadominanz durch die Bayern verändert. Statistisch gesehen folgt die Bundesliga einem Reißverschlussprinzip: Bayern München wird jedes zweite Jahr Meister, die restlichen Meisterschaften sind nur deswegen überraschend, weil wegen der Dominanz der Bayern eine Meisterschaft durch eine andere Mannschaft unerwartet kommt. Was für viele Vereine ein großer Erfolg wäre oder ist - die Qualifikation für die Europa-Liga oder der Gewinn des deutschen Pokals - ist für den FC Bayern eher Symptom einer krisenhaften Saison. Wenn es schon nicht die Meisterschaft ist, dann muss es wenigstens die direkte Qualifikation für die Champions League sein. Eine Saison ohne Titel oder ein Saisonverlauf, der Titel unwahrscheinlich macht, ist für alle anderen Bundesligatrainer der Normalfall, für den Trainer von Bayern München ist es ein Entlassungsgrund. Van Gaal und Klinsmann mussten deswegen gehen, Magath wurde entlassen, obwohl er zuvor zweimal hintereinander Pokal und Meisterschaft gewonnen hatte.

Dass der zwölfte Freund den Fußball in vielen Hinsichten verändert hat, ist keine riskante Feststellung. Vereine werden professionell geführt, Spitzenspieler werden von Beratern gemanagt, Transfersummen und Spielergehälter erreichen Höhen, die trotz stark ansteigender Einnahmen durch Fernsehrechte und Merchandising bei einigen Vereinen zu einer deutlichen Verschuldung geführt haben. Die Schuldenlast wäre insgesamt noch höher, würden nicht vor allem reiche Geldgeber die extensiven Ausgaben für den Spielerkader übernehmen. Aber hat der zwölfte Freund wirklich die Überraschungsmomente reduziert? Können wir das Unerwartete nicht mehr so häufig erwarten? Die Frage ist demnach, ob sich das Fußballspiel *sportlich* hin zu einer größeren Monotonie verändert hat. Das ist keine ganz einfache Frage, weil wir in den letzten Jahrzehnten keine fußballerische Gezeitenwende von guten alten Spielzeiten voller Überraschungen hin zu den schlechten modernen Zeiten einer monotonen Dominanz Weniger.

Es gibt auch einige nachdenklich stimmende Fakten, die uns davor warnen, den Einfluss des zwölften Freundes zu überschätzen. Da sind zunächst einige Hinweise auf wenig überraschende Entwicklungen in nicht aktuellen Ligen: Bevor 1963 die Bundesliga als oberste Spielklasse des deutschen Fußballs etabliert wurde, gab es fünf Oberligen: Nord, West, Berlin, Süd und Südwest. In der Oberliga Südwest wurde der 1 FC Kaiserslautern in mehr als der Hälfte der Spielzeiten Meister. Noch deutlicher war die Überlegenheit des Hamburger SV in der Oberliga Nord. Von einer Saison abgesehen, hat der HSV alle Meisterschaften geholt. Damals waren die Spielerbezahlungen streng reglementiert, so dass Unterschiede zwischen den Mannschaften sich nicht ohne weiteres auf unterschiedliche finanzielle Ressourcen zurückführen lassen, auch wenn sich nicht alle an die Regeln gehalten haben. Auch weist das hohe Zuschauerinteresse an der Bundesliga nicht auf eine abnehmende Spannung hin (Bundesliga Report 2012). Im Gegenteil: Die Stadien sind voller als je zuvor und das weltweite Interesse an dem Bundesligafußball ist hoch. Wie will man diese Befunde in Einklang mit der These bringen, nach der Fußball kalkulierbarer, überraschungsärmer geworden sei? Wenn man diese These bestätigen will, dann muss man verschiedene Fragen beantworten, zunächst und am wichtigsten: Was will man genau unter der Behauptung *Fußball sei kalkulierbarer geworden* verstehen? Und weiter *ab wann ist Fußball kalkulierbarer geworden?* Und weiter *gilt dies für nur die Bundesliga oder gilt dies auch für andere europäische Ligen?*

Die Antworten auf diese Fragen lassen sich nicht durch selektive Evidenzen gewinnen. Wie unübersichtlich die Situation ist, zeigt der Abschnitt *Competitive balance and the uncertainty of outcome* in dem Buch *The Economics of Football* (Dobson und Goddard 2001, S. 125), der mit den folgenden Worten beginnt: *In den letzten 45 Jahren hat sich unter den meisten Sportökonomen die Übereinstimmung herausgebildet, dass freie Märkte im Profisport zu einer angemessenen Wettbewerbsfähigkeit unter den Ligamitgliedern führen. Die wechselseitige Abhängigkeit der Mannschaften in einer Liga verhindert, dass reiche Vereine Talente in einem Ausmaß an sich binden, dass die Liga an Wettbewerbsfähigkeit verliert. **Individuelle oder kollektive Gehaltsobergrenzen schaffen, anders als viele glauben, keine höhere Wettbewerbsfähigkeit als ein freier Spielermarkt** (Hervorhebung hinzugefügt).[7] Natürlich lässt eine Einschränkung wie *angemes-*

---

7   *Over the past 45 years, a consensus has evolved among most sports economists that in a professional sports league, the free operation of market forces should maintain a reasonable degree of competitive balance among member teams. The interdependencies between teams inherent in the competitive structure of any sports league create disincentives for a wealthy team to attempt to accumulate talent to the extent that the league as a whole looses competitive viability. Contrary to widely held belief, measures such as*

sen viel Raum für Interpretation: Betrachtet man Fußball nur unter ökonomischen Gesichtspunkten, dann blickt man auf ökonomische Grunddaten, auf Zuschauerzahlen, Umsätze und Gewinne. Der Fußball kann aber kalkulierbarer geworden sein, ohne dass dies Folgen für ökonomische Kerndaten hat. *Wettbewerbsfähigkeit* hat aber auch eine nicht ökonomische Bedeutung. Bundesligamannschaften sind wettbewerbsfähig, wenn sie eine Chance auf vordere Plätze haben und die Chancenlosigkeit der meisten nicht durch einen eng definierten Favoritenkreis festgelegt ist. *Wettbewerbsfähigkeit* ist deswegen mehr als die statistisch immer gegebene Chance zum Weltpokalsiegerbesieger – Selbstbeschreibung des FC St. Pauli nach einem Sieg über den Weltpokalgewinner Bayern München - zu werden. In diesem Sinn schließen sich *Wettbewerbsfähigkeit einer Liga* und die *Dominanz weniger Mannschaften* aus. Wenn wir fragen, ob der Fußball kalkulierbarer geworden ist, dann geht es ausschließlich um diesen sportlichen Aspekt.

Solche Fragen kann man grundsätzlich mit statistischen Mitteln angehen. Dazu sind Daten aus den vier uns hier interessierenden europäischen Ligen verfügbar. In folgenden wollen wir an Hand dieser Daten die These von der möglichen Abnahme der Überraschung überprüfen. Dazu werden wir im ersten Schritt definieren, was wir unter einem statistisch handhabbaren Begriff von *Überraschung* verstehen, um daran anschließend die Entwicklung in den Ligen zu vergleichen. Eine solche Analyse ist auch deshalb geboten, weil eine kasuistische Analyse von Daten immer unter dem Verdacht der Beliebigkeit steht. Wir erleben in jeder Saison Minikrisen, Abstürze und Höhenflüge, aber zumeist stehen dann doch die erwartet Starken vorne und die erwartet Schwachen hinten. Bauchstatistik ist nicht nur im Fußball ein schlechter Ratgeber.

Zur Beantwortung der Frage werden wir die vier wichtigsten europäischen Fußballligen Bundesliga (Deutschland), Premier League (England), Serie A (Italien) und Primera División (Spanien) analysieren. Ziel ist dabei herauszufinden, ob es über die Jahrzehnte eine abnehmende Überraschung gibt, oder ob die Ligen von einem unsystematischen Auf und Ab geprägt werden. Dabei werden wir uns die Veränderungen in der Tabellenstruktur auf den vorderen Plätzen anschauen. Gibt es - über die Jahrzehnte gesehen - zufällig schwankende Überraschungen und Sensationen, oder können wir eine Tendenz zur fußballerischen Monotonie feststellen?

---

salary cap or maximum wage ... are not expected to create closer completive balance than would tend to emerge naturally as a result of the free player market forces.

Obwohl die Analyse mit statistischen Mitteln erfolgt, geht es letztlich darum, qualitativ überzeugende Veränderungen zu finden. Wie sich zeigen wird, gibt es in den vier untersuchten Ländern eine Tendenz zur Klassengesellschaft: Einer Oberklasse für die vorderen Plätze und einer Unterklasse für die Auf- und Absteiger. In der Soziologie spricht man auch von einer abnehmenden Mobilität: Die Ligen werden von einer kleinen Gruppe von Mannschaften dominiert und es ist vor allem für Aufsteiger extrem schwierig in diesen kleinen, exklusiven Zirkel aufzusteigen.

1. Spannung und Überraschung

Wann ist eine Fußballsaison *spannend*, wann ist das Resultat der Saison, die Schlusstabelle, *überraschend*? Auf diese Fragen kann man sehr unterschiedliche Antworten geben, je nachdem, ob man auf *Spannung* oder *Überraschung* fokussiert. Blicken wir zunächst auf die Spannung in einer Fußballsaison. So ist sie beispielsweise dann spannend, wenn die Entscheidung über die Meisterschaft erst sehr spät, möglichst am letzten Spieltag fällt. Oder wenn möglichst viele Mannschaften möglichst lange eine Chance auf die Meisterschaft haben. Oder wenn es einen dramatischen Abstiegskampf gibt, der erst am letzten Spieltag entschieden wird. Für die Frage, ob die Abschlusstabelle überraschend ist, spielen andere Überlegungen eine Rolle. Der statistische Blick richtet sich dann auf die kumulierten Resultate und nicht auf den Verlauf der Saison. Wenn letztlich nur eine kleine Gruppe von Spitzenmannschaften eine Chance auf die vorderen Plätze der Liga hat, dann kann man eine Saison wegen der Vorhersehbarkeit der Resultate im statistischen Sinn nicht als *überraschend* bezeichnen. Spannend ist dann vielleicht der Verlauf der Saison, also etwa die Frage wie viele Minikrisen der spätere Meister vor der Zielerreichung durchleben musste. Wie man eine solche Spannung erlebt oder inszeniert, ist letztlich eine Frage, die nur eine Analyse der Wahrnehmung von Fußballfans und der medialen Berichterstattung beantworten kann. Wie es beispielsweise die spanischen Medien in der Saison 2010/2011 geschafft haben den Verlauf der spanischen Meisterschaft als spannend darzustellen, wenn es denn überhaupt gelungen ist, bleibt deren Geheimnis. Vor dem letzten Spieltag steht der FC Barcelona mit 93 Punkten und 97:20 Toren als Meister fest. Real Madrid hat 89 Punkte und 94: 32 Tore. Der Dritte FC Valencia ist mit 68 Punkten und 62:44 Toren bereits weit abgeschlagen, der Vierte Villareal hat 62 Punkte und mit 54:43 Toren nähert er sich einem ausgeglichenen Torverhältnis an. Zumindest die beiden ersten Plätze waren lange vorhersehbar, und insofern bestand die bescheidene Spannung in der spanischen Meisterschaft allein in der Frage, ob Barcelona oder Madrid am Ende vorne stehen würde. Wer nur auf die Schlusstabelle der spanischen Liga blickt, kann bei den ersten beiden Plätzen - FC Barcelona und Real Madrid - definitiv nicht von einer Überraschung reden, weil der Gewinn der Meisterschaft durch eine der beiden Mannschaft eine rationale Erwartung war. Hätte jemand zu Saisonbeginn auf eine dieser beiden Vereine als Meister gewettet, sein Gewinn wäre bescheiden gewesen. Deswegen ist wichtig, zwischen dem spannenden Verlauf und dem überraschenden Resultat einer Saison zu unterscheiden. Es ist möglich, dass nach einem spannenden Saisonverlauf am Ende ein nicht überraschendes Resultat steht. In einer Schlusstabelle sind die spannungserzeugenden Minikrisen,

Krisen, Sensationen etc. nicht mehr erkennbar. Ob eine Schlusstabelle überraschend ist, kann man nur herausfinden, wenn man statistische Betrachtungen über größere Zeiträume anstellt.

Die Frage nach dem Überraschungsgrad einer Saison lässt sich demnach statistisch gesehen auf die Frage reduzieren, wie sehr die Platzierungen in der Schlusstabelle sich von der rationalen Erwartung unterscheiden. *Überraschung* kann man quantifizieren, man kann demnach unter bestimmten Annahmen berechnen, ob eine Saison A überraschender verläuft als eine Saison B. Dass man *Überraschung* quantifizieren kann, ist bei statistisch strukturierten Problemen nicht überraschend. Wenn jemand beispielsweise jemand in einem Spiel drei Würfel wirft und er gewinnt nur dann, wenn die drei Würfel eine 6 zeigen, dann ist die Wahrscheinlichkeit dafür 1/256, so dass man das Eintreten dieses Ereignisses als überraschend, weil unwahrscheinlich einstufen wird. In diesem Fall ist wegen des einfachen Modells die Berechnung der Wahrscheinlichkeit direkt möglich. Die Berechnung des Überraschungsgrads einer Abschlusstabelle ist komplexer, weil zunächst ein angemessenes numerisches Modell festgelegt werden muss. Von Überraschung in einem statistischen Sinn kann man nur sprechen, wenn die Reihenfolge der Mannschaften deutlich von rationalen Erwartungen abweicht. Würde beispielsweise Bayern München absteigen und ein Aufsteiger würde deutscher Meister, dann wäre dies eine Sensation, weil sich eine solche Entwicklung zu Saisonbeginn nicht rational erwarten lässt. Bayern München hat einen so viel stärkeren Kader wie ein Aufsteiger, dass sich dies im Saisonerfolg spiegeln muss. Nimmt man den Spruch *expect the unexpectable* ernst, dann sollten wir auch das Unerwartete erwarten und vielleicht habe einige Fans von Aufsteigern wie dem FC St. Pauli oder dem FC Augsburg tatsächlich derartige Träume von einer sensationellen Meisterschaft. Rational sind sie gleichwohl nicht, auch wenn sie Wirklichkeit werden können, wie das Beispiel des 1. FC Kaiserslautern zeigt.

Wir müssen demnach einige Entscheidungen treffen, um berechnen zu können, wie überraschend die Abschlusstabelle einer Saison ist. Im Einzelnen ist zu klären:

1. An dem Spielbetrieb der großen europäischen Ligen nehmen 18 bis 20 Mannschaften teil. Welche Plätze der Abschlusstabelle einer Saison sollen berücksichtigt werden?

2. Wenn man bestimmte Tabellenplätze als Gegenstand der rationalen Erwartung festgelegt, wie kann dann die Erwartung für die Tabellenplätze

ausgedrückt werden? Wie kann man vorhersagen, welche Mannschaft welchen Platz erreichen wird?

3. Wenn man schließlich eine Technik der Vorhersage formuliert hat, muss man überlegen, wie man die Qualität der Vorhersage beurteilen kann. Denn schließlich brauchen wir Instrumente um den Grad der Überraschung einer Saison numerisch zu beurteilen.

Um die drei Fragen zu beantworten muss man das Ziel der Untersuchung beachten. Will man den möglichen Einfluss des Geldes auf den Fußball bestimmen, dann macht es Sinn sich auf die vier großen europäischen Ligen zu konzentrieren. Mancher mag einwenden, dass es zwischen England, Italien, Spanien und Deutschland, respektive zwischen der Premier League, der Primera División, der Serie A und der Bundesliga Leistungsunterschiede zuungunsten der Bundesliga gebe. Dem steht allerdings das Interesse eines deutschsprachigen Lesers an der Entwicklung der Bundesliga entgegen, vielleicht auch ergänzend der international dominierenden Rolle der deutschen Nationalmannschaft. Wer im europäischen Vereinsfußball zu den Spitzenverdienern gehören will, muss an einem Vereinswettbewerb teilnehmen, am besten an der Champions League, zumindest aber an der Europa League. Die ersten vier Plätze in einer der vier großen europäischen Ligen garantieren immer die Teilnahme zumindest an der Europa League.[8] Wenn also die zunehmende Kommerzialisierung den europäischen Fußball in den letzten Jahrzehnten verändert hat, dann muss sich dies in einer zunehmenden Monotonie bei der Besetzung der Spitzenplätze in den jeweiligen Ligen zeigen. Die Antwort auf die erste Frage ist demnach: **Die ersten vier Plätze der jeweiligen Abschlusstabellen werden berücksichtigt.**

Was sind rationale Erwartungen für die Besetzung dieser vier Spitzenplätze? Im Kern ist die Antwort auf die zweite Frage einfach: Nutze für die Vorhersage der Platzierung in der nächsten Saison die Leistungen in der Vergangenheit. Angewandt auf die Saison 2011/12 würde man daher vom FC Bayern München einen Spitzenplatz erwarten, weil die Bayern die letzten Jahre die überragende Mannschaft waren, bei Borussia Dortmund wäre man skeptischer, weil die Mannschaft in den drei Jahren vor dem Gewinn der Meisterschaft den 13ten, den 6ten und den 5ten Platz belegt hat, während man bei Bayer Leverkusen nach dem 2ten Platz in der Saison 2010/11 und den Plätzen 7, 9, 4 in den vorherigen

---

8   Die Zahl der an einem Wettbewerb teilnahmeberechtigten Vereine hängt einerseits von den ab und zu veränderten Regularien, aber auch von den Erfolgen der jeweiligen Liga in den Wettbewerben ab. Die ersten Vier konnten bislang immer zumindest an der Qualifikation für einem europäischen Wettbewerb teilnehmen.

Jahren ebenfalls mit der Vorhersage zögern würde, dass es die Mannschaft wieder unter die ersten vier schafft. Berücksichtigt man nur die letzten drei Jahre, dann ist die Prognose für Hannover 96, den aktuell Viertplatzierten eher negativ, denn die zuvor erreichten Plätze 8, 11 und 15 sprechen eher für einen Ausreißer nach oben in der Saison 2010/11.

Soll man die Prognose nur auf die Leistungen in den Vorjahren stützen? Muss man nicht auch auf den neuen Trainer, Zu- und Abgänge im Kader, Sponsoren und Mäzene etc. schauen, um eine realistische Erwartung für die nächste Saison auszubilden? Dieser Einwand ist in einer Hinsicht richtig: Es gibt besonders in der englischen Liga massive Interventionen von Investoren, der FC Chelsea und Manchester City sind dafür zwei Beispiele. Wenn ein bislang unauffälliger Verein plötzlich 100 Millionen und mehr in neue Spieler investieren kann, dann wird der so verstärkte Verein in der nächsten Saison vermutlich besser abschneiden. Aber solche Entwicklungen und alle anderen möglichen Einflüsse berücksichtigen wir indirekt auf andere Weise. Wenn ein Investor massiv und dauerhaft in einen Verein investiert, dann wird sich dieser Verein wahrscheinlich relativ bald vorne in der Tabelle festsetzen. Und dies werden wir im statistischen Monitor erkennen und berücksichtigen, weil ein sich nach vorne arbeitender Verein für die jeweils nächste Saison eine bessere Erwartung hat.

Bei dem FC Chelsea war dies der Fall, bei VfL Wolfsburg bislang nicht. Offensichtlich konnte oder wollte der Förderer nicht die nötige Summe investieren, um Wolfsburg einen dauerhaften Verbleib auf den vorderen Plätzen zu ermöglichen. Ein Mäzen wie der Multimilliardär Abramowitsch kann einen Verein offensichtlich freizügiger subventionieren als ein Konzern wie VW, der sein Geld durch den Verkauf von Autos verdient. Auch die von der Konkurrenz skeptisch beäugte Sonderrolle von Werksvereinen muss dabei bedacht werden. Die Meisterschaft war statistisch gesehen ein Ausreißer und Wolfsburg scheint wieder im Mittelfeld der Liga angekommen zu sein. Ähnliches scheint für Hoffenheim zu gelten, obwohl die Mannschaft für ein sicheres Urteil noch zu kurz in der Liga ist. Damit können wir eine Teilantwort auf die zweite Frage geben: **Für die Vorhersage des Tabellenplatzes der jeweils nächsten Saison wird die durchschnittliche Platzierung eines Vereins in den vorherigen Spielzeiten genommen.**

Als Durchschnitt bietet sich das arithmetische Mittel an, d. h. wir betrachten den Mittelwert der Tabellenplätze in der jeweiligen Abschlusstabelle über eine bestimmte Anzahl von Spielzeiten. Dadurch fließen einige Resultate in die Berechnung ein, so dass einzelne Ausreißer das Resultat nicht stark beeinflussen können. Wir haben die Rechnungen jeweils mit dem durchschnittlichen Tabellenplatz der letzten 10 Jahre und dem durchschnittlichen Tabellenplatz der letzten 3 Jahre durchgeführt. Während der 10jährige Durchschnitt langfristige Entwicklungen einfängt, reagiert der 3jährige Durchschnitt besser auf kurzfristige Trends. Damit ist die Antwort auf die zweite Frage vollständig: **Für die Vorhersage des Tabellenplatzes eines Vereins wird das arithmetische Mittel der letzten 10 Jahre genommen. Da es sich um eine statische Erwartung handelt, bezeichnen wir den so berechneten Wert auch als Tabellenplatzerwartungswert.**[9]

Alle Analysen wurden mit der Saison 2009/10 abgeschlossen. Auf der Basis dieser Berechnungen hätte man für die nicht mehr in die Analysen einbezogene Saison 2010/11 die folgenden Mannschaften auf den ersten Plätzen erwartet: FC Bayern München (1,7), SV Werder Bremen (4,9), FC Schalke 04 (5,7) und Bayer Leverkusen (5,8), in Klammern jeweils die durchschnittliche Platzierung der letzten 10 Spielzeiten. Somit war auf der Basis der bisherigen Leistungen für die Spielzeit 2010/11 die folgende Schlusstabelle zu erwarten:

2010/11 erwartet		**2010/11 tatsächlich**	
1. FC Bayern München	(1,7)	**Borussia Dortmund**	**(6,6)**
2. SV Werder Bremen	(4,9)	**Bayer Leverkusen**	**(5,8)**
3. FC Schalke 04	(5,7)	**FC Bayern München**	**(1,7)**
4. Bayer Leverkusen	(5,8)	**Hannover 96**	**(13,7)**

Auf den Plätzen 5 - 10 waren nach dem Durchschnitt der letzten 10 Jahre zu erwarten: Platz 5 VfB Stuttgart (6,1), drei Vereine mit dem Mittel von 6,6 auf Platz 6 bis 8, nämlich Borussia Dortmund, Hamburger SV und Hertha BSC, schließlich folgt der VfL Wolfsburg (8,9) auf Platz 9 und auf Platz 10 Hannover 96 (13,7). Bei der Berechnung des erwarteten Tabellenplatzes geht man so vor, dass man die Mannschaft nach dem 10jährigen Durchschnitt ihrer Tabellenplätze rangordnet und diese Rangordnung ist dann die Vorhersage für die neue Saison. Deswegen war die Vorhersage für Werder Bremen Platz 2 mit einem Durchschnitt von 4,9. Der zweite Platz, weil Bremen schlechter als der Spitzenreiter Bayern München war (1,7) und besser als der Drittplatzierte Schalke 04 mit einem Schnitt von 5,7. Anders formuliert: Wir erwarten Bayern München

---

9   Nach unseren Berechnungen sind die Resultate robust gegenüber der für den Mittelwert verwendeten Zeitspanne. Dies wird durch den Vergleich von 10jährigem und 3jährigem Mittel am Beispiel der Bundesliga verdeutlicht. Wo es unzweideutig ist, verwenden wir auch *Erwartungswert* an Stelle *Tabellenplatzerwartungswert*.

auf Platz 1, weil es den besten Durchschnitt hat, Bremen auf Platz 2, weil es den zweitbesten Durchschnitt hat u. s. w. . Wichtig für das Verständnis der Vorgehensweise ist, dass das 10jährige Mittel üblicherweise eine Kommazahl ist, der prognostizierte Platz für die nächste Saison natürlich nicht. Um die ersten 4 Plätze für die nächste Saison vorherzusagen werden die 10jährigen Mittelwerte in eine Rangreihe gebracht, wobei die Werte in dieser Rangreihe üblicherweise Kommazahlen sind. Die mittleren Tabellenplätze der letzten 10 Jahre können dabei abhängig von der untersuchten Liga und der gewählten Periode erheblich schwanken. Dies sind die besten 10 der an der Spielzeit 2010/11 teilnehmenden Vereine mit ihrem langjährigen Mittelwert:

Tabelle 1

Verein	Rang	10jähriges Mittel 2000 - 2009
FC Bayern München	1	1,7
SV Werder Bremen	2	4,9
FC Schalke 04	3	5,4
Bayer Leverkusen	4	5,8
VfB Stuttgart	5	6,1
Borussia Dortmund	6	6,6
Hamburger SV	7	6,6
Hertha BSC Berlin	8	6,6
VfL Wolfsburg	9	8,9
Hannover 96	10	13,7

In der Bundesliga ist Bayern München mit einem Mittelwert von 1,7 für die Periode von 2001 - 2009 deutlich besser als der Zweitplatzierte Werder Bremen mit einem Mittelwert von 4,9. Einen Sprung von zumindest 3,2 - Abstand von Bayern München zu Werder Bremen - gibt es erst wieder zwischen dem 9ten VfL Wolfsburg und dem 10ten Hannover 96 mit einem Abstand von 4,8. Dazwischen liegt ein dicht gedrängtes Feld von 8 Vereinen, wobei 3 Vereine sich mit einem Mittel von 6,6 den 6ten Rangplatz teilen. Dortmund wurde Meister, der Hamburger SV hat es nicht unter die ersten 4 geschafft und Hertha BSC musste absteigen. Abstieg (Berlin) und Meisterschaft (Dortmund) ist die denkbar größte Differenz in der Abschlusstabelle 2009/10 und vermutlich werden Experten erklären oder es wenigstens versuchen, warum man von Dortmund mehr erwarten konnte als von Berlin. Wer jetzt rückblickend die Meisterschaft von Dortmund als plausibel empfindet, sollte ein paar Jahre in der Bundesligageschichte zurückgehen: Dortmund hat damals nach dem Gewinn des Europapokals der Landesmeister eine Reihe von fragwürdigen Investitionsentscheidungen getroffen, die den Verein an den Rand einer Pleite geführt haben. Es kann deswegen auch wohltuend sein, wenn man nur auf die Zahlen als rationale Basis einer Prognose schaut und jede weitere Informationen ausklammert.

Konzentrieren wir uns wieder auf die ersten vier, dann war die größte Überraschung der vierte Platz von Hannover (Erwartung Platz 13,7), weil diese Mannschaft in den letzten Jahren gegen den Abstieg und nicht um die Teilnahme an der Champions League gespielt hat. Der Blick auf die 10jährigen Mittelwerte zeigt im Sinne einer Momentaufnahme die Dominanz von Bayern München. Statistisch gesehen ist dieser Verein immer zwischen dem ersten und dem zweiten Platz. Von der Dominanz dieser Mannschaft weiß jeder Fußballkundige. Dazu werden wir später aus statistischer Sicht mehr beizutragen haben, aber immerhin ist es tröstlich, dass wenigstens hier die statistischen Überlegungen fußballerisches Common Sense Wissen bestätigen.

Wenn man *Überraschung* als Abweichung von der rationalen Erwartung definiert, dann ist die kleinstmögliche Überraschung - also die perfekte Monotonie - eine ständige Wiederholung der Platzierung der jeweils letzten Saison. Die ersten vier Mannschaften würden immer in der gleichen Reihenfolge die ersten vier Plätze belegen. Das Gegenteileiner perfekten Monotonie wäre ein zufälliger Ausgang in jeder Saison, so dass jede Gruppe von vier Mannschaften in jeder Reihenfolge die gleiche Chance hätte. Da es insgesamt 73440 Möglichkeiten gibt, die ersten 4 Plätze zu besetzen - es gibt 3060 Möglichkeiten 4 Mannschaften aus 18 zu wählen und jeweils 24 Möglichkeiten, diese 4 Mannschaften in eine bestimmte Reihenfolge zu bringen - hätte demnach jede Konstellation die statistische Wahrscheinlichkeit von 1/73440.[10] Natürlich sind beides theoretische Randerscheinungen, die nur deutlich machen, in welchem Rahmen sich die Überraschung als Abweichung von der rationalen Erwartung bewegen kann.

Nachdem wir die Erwartung für den Tabellenplatz in der nächsten Saison quantifiziert haben, können wir uns nun der Frage zuwenden, wie man das Überraschungsmoment bei der Abschlustabelle quantitativ ausdrücken kann. Die

---

10 Um die Anzahl der Wahlmöglichkeiten von 4 Mannschaften aus 18 zu berechnen, verwendet man die Formel $\binom{18}{4}$. Dies ergibt 3060. 4 Mannschaften kann man auf 4! = 4*3*2*1 =24 Weisen in eine Reihenfolge bringen. Die Multiplikation von 24*3060 liefert das Resultat 73440.

Quantifizierung der Überraschung erfolgt in 3 Schritten. Wir verdeutlichen dies an dem bisherigen Beispiel der Saison 2010/11.

Erster Schritt: Die vorherzusagende Saison war 2010/11. Von der Abschlusstabelle dieser Saison betrachten wir die ersten 4 Vereine:

1. Borussia Dortmund
2. Bayer Leverkusen
3. FC Bayern München
4. Hannover 96

Von diesen 4 Vereinen wird der durchschnittliche Tabellenplatz für die vorherigen 10 Spielzeiten (2000/01 - 2009/10) berechnet:

1. Borussia Dortmund   6,6
2. Bayer Leverkusen   5,8
3. FC Bayern München   1,7
4. Hannover 96   13,7

Zweiter Schritt: Bilde die Differenz aus dem durchschnittlichen Tabellenplatz und dem tatsächlichen Tabellenplatz: 6,6 -1 (Dortmund), 5,8 - 2 (Bayer Leverkusen), 3 - 1,7 Bayern München, 4 - 13,7 Hannover 96.

Dritter Schritt: Quadriere die Differenzen und addiere.[11]

Wir werden die so berechnete Zahl im Folgenden als **Überraschungsindex** bezeichnen. Das führt zu der folgenden Berechnung:

$$(6,6 - 1)^2 + (5,8 - 2)^2 + (3 - 1,7)^2 + (4 - 13,7)^2 = 31,36 + 14,44 + 1,69 +$$

$94,09 = 141,58$ (gerundet 142), die Resultate sind in der folgenden Tabelle zusammengefasst:

---

11   Warum wird quadriert? Das hat zwei Gründe: Zum einen soll der Beitrag zum Überraschungsindex nicht negativ werden können. Die denkbar geringste Überraschung ist 0. Das könnte man allerdings auch durch die Wahl des Betrags erreichen. Der zweite Grund hat mit statistischen Konventionen zu tun. In der Statistik werden Abweichungen – wie etwa in der Varianz – durch Quadrieren gebildet. Für die erzielten Resultate ist dieser Aspekt allerdings nicht relevant.

Tabelle 2

Verein	10jähriges Mittel 2000/01 – 2009/10	Tabellenplatz 2010/11	Abweichung	Abweichung
Borussia Dortmund	6,6	1	31	22
Bayer Leverkusen	5,8	2	14	10
FC Bayern München	1,7	3	2	1
Hannover 96	13,7	4	94	66

Es lohnt ein Blick auf die einzelnen Summanden der Abweichung:

Borussia Dortmund:	31	22%
Bayer Leverkusen:	14	10%
FC Bayern München:	2	1%
Hannover 96:	94	66%

Bayern München ist die mit Abstand erfolgreichste Mannschaft und erzielt im Schnitt der letzten 10 Jahre einen durchschnittlichen Tabellenplatz von 1,7. Dass diese Mannschaft Dritte wurde, trägt gerade 1% zu der gesamten Abweichung von der Erwartung von 142 bei. Den höchsten Beitrag leistet Hannover 96 mit 66% der Abweichung. Borussia Dortmund (22%) und Bayer Leverkusen (10%) liegen zwischen diesen Extremen. Aus dieser Beispielrechnung kann man eine Schlussfolgerung ziehen: Wenn eine von der Erwartung her sehr gute Mannschaft wie Bayern München einen Platz unter den ersten 4 erreicht, dann ist dies eine quantitativ gesehen wesentlich geringere Überraschung wie der 4te Platz von Hannover mit einem Erwartungswert von 13,7. Der Überraschungsindex verhält sich so gesehen vernünftig. Wenn bestimmte Vereine für lange Zeit vorne mitspielen, dann wird ihr Erwartungswert klein sein und da sie in der prognostizierten Saison wieder vorne stehen, wird der Überraschungsindex insgesamt klein sein. Nimmt eine Saison dagegen einen sensationellen Verlauf und vier Mannschaften mit denen niemand rechnen konnte, belegen die ersten vier Plätze, dann wird der Überraschungsindex groß werden. Denn *Mannschaften mit denen niemand rechnen konnte* sind Mannschaften mit schlechten 10jährigen Tabellenmitteln. Und dies führt nach dem Modus der Berechnung zu einem großen Überraschungsindex, weil der Abstand zwischen einem erreichten Platz von 1 bis 4 und hohem Mittelwert groß wird.

Bei der Interpretation des Überraschungsindex geht es uns um die relative Größe im zeitlichen Verlauf einer Liga. Uns interessiert die Frage, ob es ein Muster gibt, ob die Abweichung der ersten vier Plätze der Liga von der Erwartung eine bestimmte Tendenz zeigt, oder ob wir nur eine nicht systematische Schwankung feststellen können. Es gibt in jeder Liga Jahre mit erwarteten und unerwarteten Schlusstabellen; überraschende Erfolge von bislang wenig erfolgreichen Vereinen sind im Fußball nichts Besonderes. Deswegen wird der Überraschungsindex im zeitlichen Verlauf schwanken. Wichtig ist für diesen Essay *eine* Frage: Handelt es sich um zufällige Schwankungen, also um ein unsystematisches Ab und Auf oder gibt es eine Tendenz zu einer größeren oder kleineren Schwankung. Wenn unsere These von dem Einfluss des großen Geldes auf die Entwicklung des Fußballs richtig ist, dann ist in den vier untersuchten europäischen Ligen eine Abnahme der Schwankungen zu erwarten. Ein Statistiker spricht auch davon, dass die Variabilität geringer wird. Denn an die großen Geldtöpfe kommen nur die wenigen in den beiden europäischen Wettbewerben erfolgreichen Vereine heran und dies sollte zu einer Dominanz der Vereine in ihren jeweiligen Ligen führen. Dazu braucht man einen Überraschungsindex, der sensibel für die Zwischentöne der Überraschung ist. Es gibt nicht nur vollkommen überraschende und vollkommen langweilige Spielzeiten, die erkennt man als Fußballfan vermutlich auch ohne statistischen Aufwand. Eine Tendenz - wenn es sie denn gibt - wird sich in der Entwicklung zu einem niedrigeren oder höheren Überraschungsindex im zeitlichen Verlauf zeigen und dies kann nur ein sensibler statistischer Index aufzeigen.

Wenn man einen Überraschungsindex berechnet hat, dann läge es nahe, verschiedene Spielzeiten nach dem Grad ihrer Überraschung zu klassifizieren, etwa durch eine Skala der Art: Die Saison war *extrem überraschend, sehr überraschend, …, wenig überraschend, ohne jede Überraschung*. Obwohl dies möglich wäre, suchen wir nicht nach einer Interpretation der Art *ein Index von 142 für die Saison 2010/11 belegt eine sehr überraschende Spielzeit*, es geht vielmehr nur um Vergleiche der Überraschungsindices innerhalb einer Liga in ihrem zeitlichen Verlauf. Solche zeitlichen Verläufe kann man etwa beschreiben durch *der Überraschungsindex der Bundesliga hat seit der Gründung der Liga eine abnehmende Tendenz*. Und die vier in diesem Essay untersuchten europäischen Ligen kann man an Hand derartiger Verlaufsmuster vergleichen.

Wichtig für die Berechnung des Überraschungsindex ist die Zahl der teilnehmenden Mannschaften in einer Liga. Die Bundesliga hat 1963 mit 16 Vereinen begonnen und wurde zwei Jahre später auf 18 Vereine aufgestockt[12]. Die spanische Liga hat 1929 mit 10 Vereinen begonnen und diese Zahl wurde bis 1988 auf 20 Vereine gesteigert. Die italienische Liga starte ebenfalls 1929 mit 18 Vereinen, seit 1988 spielen wieder 18 Vereine, nachdem zwischen 1967 und 1987 die Zahl auf 16 reduziert wurde, 2004 wurde die heutige Zahl von 20 Vereinen erreicht. Die englische Liga ist die älteste der vier Ligen und begann 1888 mit 12 Vereinen. Seit 1905 haben immer zwischen 20 und 22 Mannschaften am Spielbetrieb teilgenommen, die jetzige Größe von 20 Vereinen gilt seit 1995. Demnach ist die Bundesliga mit 18 Vereinen die kleinste aktuelle Liga, die drei anderen haben jeweils aktuell 20 Vereine. Die Zahl der am Spielbetrieb teilnehmenden Mannschaften ist insofern wichtig, als die theoretisch mögliche Größe des Überraschungsindex von der Zahl der Mannschaften abhängt: Je mehr Mannschaften teilnehmen, desto größer kann der Index theoretisch werden.[13] Das kann man sich leicht an einem Grenzfall verdeutlichen, indem man einen Wettbewerb mit nur vier Vereinen betrachtet. In diesem Fall liegt der Tabellenplatzerwartungswert zwischen 1 und 4 und entsprechend klein ist die Differenz zwischen dem erreichten Tabellenplatz und seinem Erwartungswert.

Der Einfluss der Ligagröße auf den Überraschungsindex ist theoretisch gegeben, aber praktisch bedeutungslos, weil die Mannschaften aus dem unteren Teil der Tabelle nur selten den Sprung unter die ersten 4 schaffen. Gleichwohl wollen wir einen Blick auf den maximalen und den minimalen Wert des Überraschungsindex bei unterschiedlichen Ligagrößen werfen. Der minimale Wert von 0 wird genau dann erreicht, wenn die Vorhersage mit der Erwartung perfekt übereinstimmt. Wenn also in der 10 Jahren von 2001 bis 2010 Borussia Dortmund immer 1ter gewesen wäre, Bayer Leverkusen immer 2ter, Bayern München immer 3ter und Hannover 96 immer 4ter, dann hätten wir für die vier Mannschaften jeweils eine Tabellenplatzerwartung von 1, 2, 3 und 4. Wenn wir nun weiter von der doppelt kontrafaktischen Annahme ausgehen, alle Mannschaften hätten in den letzten 10 Jahren immer den gleichen Tabellenplatz erreicht, dann erhalten wir für dieses hypothetische Szenario einen maximalen

---

12 Die Bundesliga hatte für eine Saison (1991/92) 20 am Spielbetrieb teilnehmende Vereine. Diese kurzfristige Aufstockung diente der Integration der DDR-Vereine.

13 In einer Liga mit 18 Vereinen gibt es 73440 mögliche Abfolgen der ersten 4 Plätze. Bei 20 Vereinen sind es 116280 und bei 16 Vereinen nur noch 43680. In einer sehr kleinen Liga mit nur 12 Vereinen sinkt diese Zahl auf 11880.

Überraschungsindex von 804.[14] Diese maximale Überraschung würde dann eintreffen, wenn der nach Erwartung beste Verein 18ter würde, der nach Erwartung zweitbeste Verein 17ter u. s. w.. Bei 20 Mannschaften ergibt sich ein theoretisches Maximum von 1044. Die Berechnung ist doppelt kontrafaktisch, weil es – schon wegen der Auf- und Abstiege - praktisch wie theoretisch unmöglich ist, dass 18 Mannschaften 10 Jahre hintereinander immer den gleichen Tabellenplatz erreichen. Ein Blick auf die Abschlustabellen der Bundesliga zeigt die praktische Unmöglichkeit und die Regularien der Bundesliga schließen einen Verbleib der beiden Tabellenletzten in der Liga aus. Diagramm 1 zeigt den Zusammenhang zwischen dem theoretischen Maximum des Überraschungsindex und der Ligagröße.

Diagramm 1:
Abhängigkeit des Überraschungsindexes von der Zahl der am Spielbetrieb teilnehmenden Vereine. Je kleiner die Zahl, desto geringer ist die mögliche Überraschung

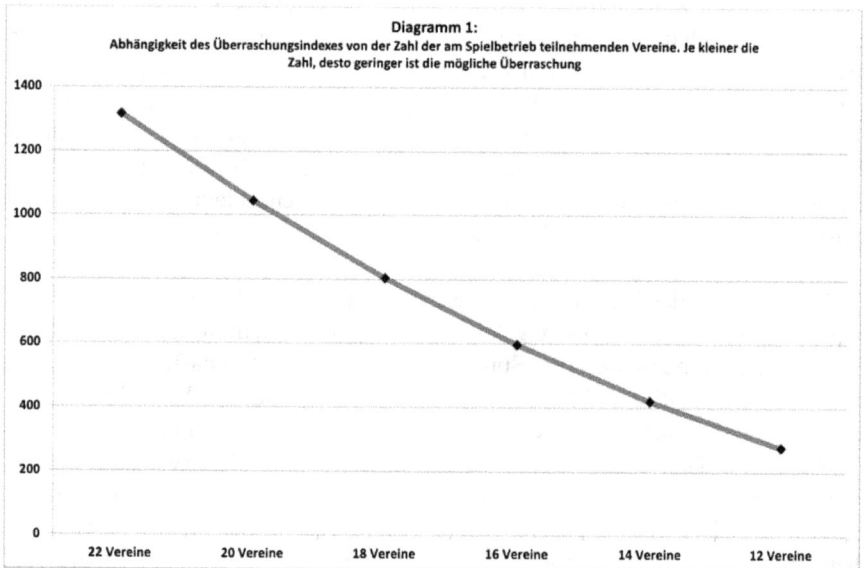

Es scheint hier einen Konflikt zwischen den ökonomischen Interessen nach vielen Spielen und einer dies ermöglichenden großen Liga zu geben und dem Interesse der FIFA an kleineren Ligen. Die FIFA ist bislang mit dem Versuch gescheitert in England, Italien und Spanien einen Spielbetrieb mit maximal 18

---

14 Der Wert 804 ergibt sich aus der folgenden Berechnung: Bei einer Liga von 18 Vereinen besteht die maximale Überraschung darin, dass der erwartete 18te 1ter wird, der erwartete 17te 2ter u. s. w.. Dies ergibt den Ausdruck $(18 - 1)2 + (17 - 2)2 + (16 - 3)2 + (15 - 4)2 = 289 + 225 + 169 + 121 = 804$.

oder 16 Mannschaften durchzusetzen, auch um die Belastung der Spieler zu reduzieren.[15]

Damit der Überraschungsindex seinen maximalen Wert annehmen kann, müssen Mannschaften die entweder über lange Zeit auf den hinteren Plätzen der Liga stehen, unter die ersten 4 in der Abschlusstabelle kommen, oder es muss sich um Aufsteiger handeln. Mannschaften, die in der Bundesliga 10-mal oder öfter unter den letzten 6 (ab Platz 13 bei 18 teilnehmenden Vereinen) waren und gleichwohl nicht abgestiegen sind, gibt es nicht. Die Daten zeigen, dass nur der Karlsruher SC und der VfL Bochum 5-mal hintereinander den 13ten oder einen schlechteren Platz hatten ohne abzusteigen. Wer permanent so weit hinten steht, steigt irgendwann ab. Also bleiben nur die Aufsteiger um große numerische Beiträge zum Überraschungsindex zu leisten. In der Bundesliga haben 4 Mannschaften - Bayern München, Wuppertaler SV, VfB Stuttgart und der 1. FC Kaiserslautern - 1965, 1972, 1977 und 1997 nach dem Aufstieg den Sprung unter die ersten 4 geschafft, wobei nur Kaiserslautern direkt nach dem Aufstieg Meister wurde. Von diesen vier Mannschaften sind nur Bayern München und der Wuppertaler SV echte Aufsteiger, weil sie zuvor nicht in der Bundesliga gespielt haben. Der VfB Stuttgart und der 1. FC Kaiserslautern waren zuvor aus der Bundesliga abgestiegen und nach kurzer Abwesenheit wieder aufgestiegen. So gesehen haben nur zwei Mannschaften den Sprung unter die ersten 4 geschafft, wobei man Wuppertal eher als statistischen Ausreißer einstufen kann, während die Ausnahmemannschaft von Bayern München ihre bis heute andauernde Dominanz begann.

Für den Vergleich von Überraschungsindices *zwischen* verschiedenen Ligen sind zwei Überlegungen wichtig. Wie groß kann der Index werden und mit welchen Größen muss man unter bestimmten empirischen Randbedingungen rechnen? Der theoretisch maximale Wert wird in Diagramm 1 dargestellt, um die Bandbreite realistischer Werte darzustellen, wollen wir verschiedene mögliche Entwicklungen unterscheiden. In der Bundesliga gibt es eine überragende Mannschaft, die deutlich besser ist als die Konkurrenz. Überragend bedeutet hier, dass der FC Bayern im 10jährigen Mittel einen Tabellenplatzerwartungs-

---

15 Aufgrund einer Intervention des Weltfußballverbands FIFA reduzierte die Premier League 1995 die Spielklasse auf 20 Vereine dadurch, dass vier Mannschaften absteigen mussten und gleichzeitig nur zwei Vereine als Aufsteiger neu aufgenommen wurden. Die FIFA forderte zuletzt am 8. Juni 2006 darüber hinaus – wie auch in Italien und Spanien – die weitere Verkleinerung auf 18 Klubs zu Beginn der Saison 2007/08, stieß jedoch mit diesem Vorhaben bei der Premier League auf Ablehnung (Premier League), (Wikipedia, 2012).

wert von ca. 2 hat. Die 4 nächstbesten Mannschaften erreichen Tabellenplatzerwartungswerte zwischen 5 und 7 und danach steigen die Tabellenplatzerwartungswerte in den zweistelligen Bereich. Bei einem eher wahrscheinlichen Saisonverlauf wird der FC Bayern Meister und 2 der im langjährigen Mittel nächstbesten Mannschaften sind unter den ersten 4, etwa Schalke und Leverkusen.
Dann haben wir etwa die folgenden Komponenten für den Überraschungsindex:

Bayern München: ungefähr $(2 - 1)^2 = 2$
Schalke 04: ungefähr $(5 - 2)^2 = 9$
Dortmund: ungefähr $(6 - 3)^2 = 9$

Bei diesen Annahmen erhalten wir für die ersten drei Vereine eine Summe
von 20. Wenn jetzt ein Verein mit einem hohen Tabellenplatzerwartungswert
wie etwa Mönchengladbach vierter wird, dann müssen wir bei einem angenommen Wert von 13 $(13 - 4)^2 = 81$ addieren und erhalten einen Wert von insgesamt
101.Man kann diese Überlegung auch so zusammenfassen, dass ein Verein mit
einem schlechten Tabellenplatzerwartungswert unter den ersten 4 einen Beitrag
von ca. 100 zum Überraschungsindex leistet, so dass bei einem sensationellen
Ausgang - 4 schwache Vereine teilen sich die ersten 4 Plätze - ein Überraschungsindex von deutlich über 400 entstehen kann. Solche sehr großen Werte
sind insbesondere dann möglich, wenn ein Aufsteiger unter die ersten 4 kommt.
Denn ein Aufsteiger, der die letzten 10 Jahre nicht in der Bundesliga gespielt
hat, startet mit einem Tabellenplatzerwartungswert von 20.[16]

Würde ein Aufsteiger Meister, dann würde sein Beitrag zum Überraschungsindex 381 $= (20 - 1)^2$ sein. Dies gilt allerdings nicht, wenn ein Verein absteigt
und nach einem sofortigen Wiederaufstieg unter die ersten vier kommt. Denn
der Tabellenplatzerwartungswert hängt von den in den letzten 10 Spielzeiten
erreichten Plätzen ab. Dieser Verein könnte demnach gleichwohl einen relativ
niedrigen Tabellenplatzerwartungswert haben, wenn er 9 Jahre in der Liga gut
platziert war.

In Spanien dagegen besteht ein Duopol, wo zwei Vereine die Liga dominieren. Entsprechend haben der FC Barcelona und Real Madrid Tabellenplatzerwartungswerte von ca. 2. Tritt demnach des Erwartete ein und der FC Barcelona

---

16 Warum der Wert 20? Die Bundesliga hat 18 Vereine. In einer fiktiven Anordnung der
zweiten und der ersten Liga in *einer* Liga hätte der Erste der zweiten Liga den 19ten
Platz, der Zweite den 20ten Platz und der Dritte den 21ten Platz. Wir haben uns bei den
Aufsteigern für den mittleren, den 20ten Platz als Tabellenplatzerwartungswert entschieden.

und Real Madrid kommen beide unter die ersten vier, dann ist der maximal mögliche Beitrag zum Überraschungsindex $1^2 + 2^2 = 5$ [17], so dass wir zunächst einen Wert von 5 haben. Kommen jetzt noch zwei Vereine mit einer Tabellenplatzerwartung von 7 unter die ersten 4, dann erhalten wir zusätzlich

$$(7 - 3)^2 + (7 - 4)^2 = 16 + 9 = 25$$

was zu einem sehr niedrigen Überraschungsindex 30 führt. Wenn wie in Spanien 2 Vereine beständig zu den ersten 4 gehören, dann kann man für diese Liga einen kleineren Überraschungsindex erwarten als für die Bundesliga, wo dies nur für einen Verein gilt.

---

17   Bei einem Tabellenplatzerwartungswert von 2 würde der größte Beitrag erreicht, wenn eine der beiden Vereine den 4ten Platz belegt - der Beitrag ist dann 4 - und der andere Verein 1ter oder 3ter wird. Seinen Beitrag zum Tabellenplatzerwartungswert ist dann 1. Jede andere Verteilung der Vereine FC Barcelona und Real Madrid auf die ersten 4 Plätze liefert bei einem angenommen Tabellenplatzerwartungswert von 2 für beide einen Wert von 5 oder weniger als Beitrag für den Überraschungsindex.

2. Bundesliga

Die Bundesliga wurde 1963 als letzte von den aktuell 4 erfolgreichsten europäischen Ligen gegründet. Bereits zwei Jahre nach der Gründung wurde die Zahl der teilnehmenden Vereine für die Saison 1965/1966[18] von 16 auf 18 aufgestockt. Nur 1991 wurde zur Integration von Vereinen aus der ehemalige DDR die Liga für eine Spielzeit auf 20 Vereineerhöht, danach nehmen bis heute 18 Vereine am Spielbetrieb teil. Bis einschließlich der Spielzeit 2009/2010 haben insgesamt 51 Vereine in der Bundesliga gespielt, allerdings mit höchst unterschiedlichem Erfolg:

Tabelle 3

1	Hamburger SV	47		26	SV Waldhof Mannheim	7
2	SV Werder Bremen	46		27	FC St. Pauli	7
3	FC Bayern München	45		28	Kickers Offenbach	7
4	VfB Stuttgart	45		29	Rot-Weiss Essen	7
5	Borussia Dortmund	43		30	FC Energie Cottbus	6
6	1. FC Kaiserslautern	42		31	1. FC Saarbrücken	5
7	Borussia Mönchengladbach	42		32	Dynamo Dresden	4
8	Eintracht Frankfurt	42		33	Rot-Weiß Oberhausen	4
9	FC Schalke 04	42		34	Alemannia Aachen	4
10	1. FC Köln	41		35	1. FSV Mainz 05	4
11	VfL Bochum	34		36	SG Wattenscheid 09	4
12	Bayer Leverkusen	31		37	Wuppertaler SV	3
13	Hertha BSC Berlin	29		38	FC 08 Homburg	3
14	MSV Duisburg	28		39	Borussia Neunkirchen	3
15	1. FC Nürnberg	28		40	Stuttgarter Kickers	2
16	Karlsruher SC	24		41	SV Darmstadt 98	2
17	Hannover 96	22		42	1899 Hoffenheim	2
18	Fortuna Düsseldorf	22		43	Tennis Borussia Berlin	2
19	Eintracht Braunschweig	20		44	SpVgg Unterhaching	2
20	TSV 1860 München	20		45	Preußen Münster	1
21	KFC Uerdingen 05	17		46	SSV Ulm 1846	1
22	Arminia Bielefeld	14		47	Fortuna Köln	1
23	VfL Wolfsburg	13		48	Tasmania 1900 Berlin	1
24	Hansa Rostock	12		49	VfB Leipzig	1
25	SC Freiburg	11		50	Blau-Weiß 90 Berlin	1

---

18   Wenn nur eine Jahreszahl genannt wird, also Spielzeit 1965, dann wird immer auf den Beginn verwiesen, also die Spielzeit 1965/1966.

Das einzige ununterbrochen in der Bundesliga spielende Gründungsmitglied[19] ist der Hamburger SV. Alle anderen Vereine sind entweder zumindest einmal abgestiegen oder sind durch Aufstieg später hinzugekommen. Von den in der Spielzeit 2009/10 beteiligten Mannschaften sind nur Bayer Leverkusen, Bayern München, Hamburger SV und der VfL Wolfsburg nie abgestiegen und zumindest 5 Jahre in der Liga. Das ist insofern ein recht überraschendes Resultat, als zwei der vier Mannschaften Werksmannschaften sind (Bayer Leverkusen und VfL Wolfsburg). Anscheinend benötigt man entweder eine gesicherte finanzielle Basis durch einen potenten Geldgeber, oder man gewinnt durch Ressourcen aus dem Spielbetrieb eine sichere Distanz zu den Abstiegsplätzen oder man hat einfach etwas Glück: Der Hamburger SV hat immerhin 15 Mal den 10ten oder einer schlechteren Platz belegt ohne abzusteigen.

Interpretiert man *Beständigkeit einer Mannschaft* über die Häufigkeit am Spielbetrieb unabhängig davon, ob eine Mannschaft zwischendurch abgestiegen ist, dann ändert sich das Bild: In der letzten in dieser Auswertung erfassten Spielzeit 2009/10 waren immerhin 12 Mannschaften zumindest 24 Spielzeiten, aber nicht notwendig ununterbrochen seit Gründung der Bundesliga beteiligt: In der Reihenfolge des durchschnittlichen Tabellenplatzes sind dies:

Tabelle 4

Verein	Mittelwert	Verweildauer
FC Bayern München	2,7	45
VfB Stuttgart	6,8	45
Bayer Leverkusen	6,9	31
SV Werder Bremen	7,0	46
Hamburger SV	7,1	47
Borussia Dortmund	7,3	43
1. FC Köln	7,5	41
Borussia Mönchengladbach	7,8	42
1. FC Kaiserslautern	8,9	42
FC Schalke 04	8,9	42
Hertha BSC Berlin	9,1	29
Eintracht Frankfurt	9,1	42

---

19 Mit dem Wort *Gründungsmitglied* bezeichnen wir im allgemeinen einen Verein, der **unter diesem Namen** an der ersten von uns analysierten Spielzeit teilgenommen hat. Nur für die Bundesliga wurde für den MSV Duisburg (früher: Meidericher SV) eine Ausnahme gemacht.

MSV Duisburg	11,7	28
1. FC Nürnberg	11,9	28
VfL Bochum	12,4	34
Karlsruher SC	12,4	24

Nur 16 Vereine waren 24 Spielzeiten oder mehr am Spielbetrieb beteiligt. Rekordhalter ist natürlich der Hamburger SV mit der maximal möglichen Anzahl von Spielzeiten. Beeindruckend ist der Abstand zwischen dem durchschnittlichen Tabellenplatz von den Bayern und dem Rest der Liga. Während die Bayern mit einem Schnitt von 2,7 im Mittel immer einen Tabellenplatz erreichen, der zur Teilnahme an einem europäischen Wettbewerb berechtigt, schafft der VfB Stuttgart als Zweitbester nur einen Schnitt von 6,8, d.h. im Mittel erreicht der VfB Stuttgart keinen Platz in einem europäischen Wettbewerb. In 45 Spielzeiten erreichte der FC Bayern 38-mal einen Platz unter den besten 4 Mannschaften, Stuttgart schaffte dies 14 Mal. Das sind immerhin knapp 40% des Wertes der Bayern. Der Unterschied wird dramatischer bei einem präziseren Blick auf die Daten.

Tabelle 5

Verein	1 Jahr	2 Jahre	3 Jahre
FC Bayern München	32	3	2
Borussia Mönchengladbach	11	1	0
Borussia Dortmund	10	3	1
SV Werder Bremen	7	7	0
Hamburger SV	6	2	4
VfB Stuttgart	6	2	1
Bayer Leverkusen	5	1	1

Tabelle 3 gibt an, wie groß die zeitlichen Abstände zwischen zwei zumindest 4ten Plätzen bei verschiedenen Vereinen gewesen sind, wobei die besten sieben Vereine[20] und ein Abstand von maximal drei Jahren berücksichtigt wurde. Bayern München war 32 Mal direkt hintereinander zumindest 4ter, 3 Mal lag

---

20 Die besten Vereine im Sinne dieser Statistik sind die Vereine, die am häufigsten in der nächsten Saison zumindest 4ter wurden. Das war bei Bayern München 32 Mal der Fall und bei Borussia Mönchengladbach 11 Mal.

ein Jahr dazwischen und 2 Mal musste die Mannschaft 2 Jahre warten, bis sie wieder unter den ersten 4 war. Der VfB Stuttgart war nur 6-mal direkt hintereinander zumindest 4ter. Die nach dieser Tabelle zweitbeste Mannschaft, Borussia Mönchengladbach, hat dies immerhin 11 Malgeschafft, konnte aber ab den 80er Jahren nicht mehr an die Erfolge der Anfangszeit anknüpfen, so dass der VfB Stuttgart einen durchschnittlich besseren Tabellenplatz erreicht. Für die finanzielle Planung eines Vereins hat der Unterschied zwischen den Bayern und dem VfB Stuttgart eine wesentliche Konsequenz. Während München praktisch immer die Einnahmen aus der Champions League einplanen kann, und so seine Stellung innerhalb der europäischen Fußballelite festigt, fehlt bei Stuttgart wie auch bei allen Ligakonkurrenten diese Planungssicherheit. Eben deswegen kann München den Stürmer Gomez für ca. 30 Millionen Euro von Stuttgart kaufen. Der umgekehrte Fall wäre undenkbar.

Wie sehr sich die Liga in den knapp 50 Jahren seit Gründung 1963 geändert hat, zeigt ein Vergleich der ersten und der letzten 10 Jahre im Erhebungszeitraum. In den ersten 10 Jahren gab es insgesamt 6 Meister (1. FC Köln, SV Werder Bremen, TSV 1860 München, Eintracht Braunschweig, 1. FC Nürnberg, FC Bayern München (3) und Borussia Mönchengladbach (2)). Nur Köln, Bremen und Braunschweig haben an allen 10 Spielzeiten 1963 - 1972 teilgenommen. Weitere 4 Mannschaften konnten zumindest den zweiten Platz erreichen (MSV Duisburg, Alemannia Aachen, Borussia Dortmund und Schalke 04), drei Mannschaften konnten Dritter werden (Eintracht Frankfurt, Hertha BSC Berlin und Fortuna Düsseldorf) und der Wuppertaler SV erreichte einmal den vierten Platz. Auffällig ist auch die große Variabilität in der Liga. 1860 München wurde 1965 Meister und stieg 1969 ab (17ter Platz). Eintracht Brauschweig wurde 1966 Meister und stieg 1972 ab (17ter Platz). Der 1 FC Nürnberg wurde 1967 Meister und stieg 1968 ab (17ter Platz). Werder Bremen vermied den Abstieg knapp, war aber 2 Jahre nach der Meisterschaft 1964 auf Platz 16. Alemannia Aachen, Borussia Dortmund, Fortuna Düsseldorf und Hertha BSC erreichten zumindest einmal einen Platz unter den ersten 4 und stiegen zumindest einmal im Betrachtungszeitraum ab. Sieht man von dem Randfall Wuppertaler SV ab - die Mannschaft wurde 1972 im Jahr des Aufstiegs 4ter - dann sind von den 14 besten Mannschaften der Liga (im Sinne einer Erreichung von zumindest Platz 4) 7 Mannschaften zumindest einmal abgestiegen. Von den restlichen 7 haben 4 zumindest einmal nur Platz 15 erreicht und sind dem Abstieg knapp entgangen. Von den restlichen 3 (1. FC Köln, Borussia Mönchengladbach, FC Bayern München) erreichten die beiden Aufsteiger Mönchengladbach und München von 1968 bis 1972 jeweils Platz 1.

In den letzten 10 Jahren des Untersuchungszeitraumes (2000 - 2009) erhalten wir ein deutlich anderes Bild. Die Liga ist je nach Blickwinkel entweder reifer, ruhiger geworden, es gibt weniger Turbulenzen, aber man könnte sie ebenso gut als langweiliger, kalkulierbarer bezeichnen. Zunächst einmal fällt auf, dass nur noch 9 Mannschaften zumindest einmal einen vierten Platz erreichen (Bayer Leverkusen, Borussia Dortmund, FC Bayern München, FC Schalke 04, Hamburger SV, Hertha BSC Berlin, SV Werder Bremen, VfB Stuttgart, VfL Wolfsburg) Jede dieser 9 Mannschaften nimmt von 2000 - 2009 ununterbrochen am Spielbetrieb teil. Die Liga hat sich in etablierte Vereine mit einer großen Beständigkeit und weniger Etablierte geteilt, wobei die Aufsteiger den überraschenden Vorstoß an die Spitze nicht mehr schaffen. Bayern München (6), Dortmund (1), Stuttgart (1) und Wolfsburg (1) teilen sich die 10 Meisterschaften mit einer erdrückenden Dominanz der Bayern. München belegt 10-mal hintereinander einen Platz unter den ersten 4, während Wolfsburg nur ein einziges Mal als Meister unter die ersten 4 kommt. Von den 9 Vereinen, die es in der Periode 2000 bis 2009 unter die ersten Vier schaffen gehören nur Bayer Leverkusen, FC Bayern München und VfL Wolfsburg nicht zu den Gründungsmitgliedern der Liga. Neben den die Liga dominierenden Bayern sind in dieser Periode aus dieser Dreiergruppe nur die beiden Werksvereine Bayer Leverkusen und VfL Wolfsburg stark genug, um unter die ersten 4 zu kommen. Nun unterscheiden sich die beiden Werksklubs von den anderen durch eine alternative Finanzierung: Die Bayer AG und die VW AG können diese Vereine durch Zuschüsse gegenüber jedem anderen Aufsteiger privilegieren. Berücksichtigt man dies, dann bleibt nur die recht erstaunliche Feststellung, dass neben Bayern München kein Aufsteiger ohne die Unterstützung einer finanzstarken Firma einen der ersten 4 Plätze erreichen konnte. Man kann dies auf zwei Weisen interpretieren: Dies spricht einmal für die Klugheit der Erstauswahl der an der Bundesliga beteiligten Vereine, man könnte aber auch davon sprechen, dass es nahezu unmöglich ist, in die Phalanx der Etablierten einzubrechen.

Fußball ist im doppelten Wortsinn eine Klassengesellschaft. Die Vereine sind in Spielklassen organisiert, in Deutschland 1te Bundesliga, 2te Bundesliga, 3te Bundesliga, ..., darüber gibt es die gelegentlich als *Königklasse* bezeichnete Champions League. Aber auch innerhalb der Liga gibt es Klassenunterschiede, wie das nächste Diagramm verdeutlicht. Um die Dominanz des FC Bayern München zu verdeutlichen, haben wir uns gefragt, wie viele der nächstbesseren Konkurrenten zusammen gegen München antreten müssten, um dessen Platzierungen in den Abschlusstabellen zu erreichen. Wir haben untersucht, ob der FC Bayern im folgenden Sinne besser abschneidet als eine der folgenden Mannschaften Stuttgart, Leverkusen, Bremen, Hamburg, Dortmund. Hat einer dieser

Mannschaften am Ende der Saison einen besseren Tabellenplatz, dann haben diese fünf Mannschaften die Bayern *als Kollektiv* geschlagen. Ansonsten haben die Bayern gewonnen. Dabei wurden nur die Spielzeiten ab dem Jahr des Aufstiegs von Bayern München berücksichtigt. Falls jemand Borussia Mönchengladbach vermisst: Der Verein hat einen zu schlechten durchschnittlichen Tabellenplatz, so dass er nicht zu den 5 stärksten Konkurrenten der Bayern gehört. Diagramm 2 zeigt die Dominanz der Bayern in der Bundesliga: Erst die nächsten 5 zusammen schneiden so gut ab wie die Münchner. Man kann dies auch anders ausdrücken. Der FC Bayern München ist besser als beispielsweise seine drei stärksten Konkurrenten, sofern man Stärke nach den in der Abschlusstabelle erzielten Plätzen beurteilt.

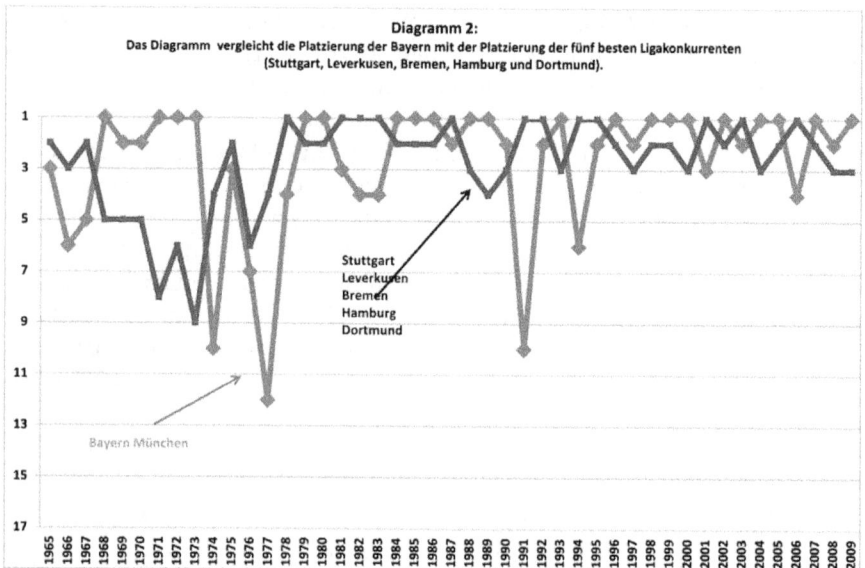

Diagramm 2:
Das Diagramm vergleicht die Platzierung der Bayern mit der Platzierung der fünf besten Ligakonkurrenten (Stuttgart, Leverkusen, Bremen, Hamburg und Dortmund).

Stuttgart
Leverkusen
Bremen
Hamburg
Dortmund

Bayern München

Die Dominanz der Bayern besteht seit ihrem Aufstieg in die Bundesliga. Manche Konkurrenten waren für einige Zeit mit den Bayern gleichauf, wie Mönchengladbach für ca. 10 Spielzeiten oder Hamburg und Dortmund für eine kürzere Dauer, aber kein Verein konnte sich als dauerhafter Konkurrent etablieren. Der FC Bayern München konnte seine Monopolstellung bislang souverän verteidigen, was sicher auch mit den relativen Dauererfolgen in der Champions League zu tun hat. Relativ, weil München nicht mehr an die Erfolge der 70er Jahre im Europapokal der Landesmeister anknüpfen konnte und auch nicht so gut ist wie die gegenwärtigen Spitzenclubs aus England, Italien oder Spanien, aber immer noch weit besser als jeder Ligakonkurrent. *The same procedure as every year* könnte man deswegen als Motto über jede Spielzeit der Bundesliga stellen.

So gesehen könnte man auch sagen, dass sich eigentlich seit Mitte der 60er Jahre nicht viel geändert hat. Es ist nicht überraschend, wenn Bayern München etwa jede zweite Saison Meister wird und praktisch immer vorne mitspielt. Wir möchten nun mit feineren Instrumenten überprüfen, ob sich die Dominanz der Spitzenmannschaften verfestigt hat. Denn der Fokus auf die eine überragende Mannschaft ist zu eng. Ob sich etwas geändert hat und vor allem in welche Richtung sich etwas geändert hat können wir nur mit feineren statistischen Mitteln feststellen. Dazu werden wir den zuvor beschriebenen Überraschungsindex berechnen, zunächst auf der Basis eines 10jährigen Durchschnitts zur Bestimmung des Tabellenerwartungswertes.

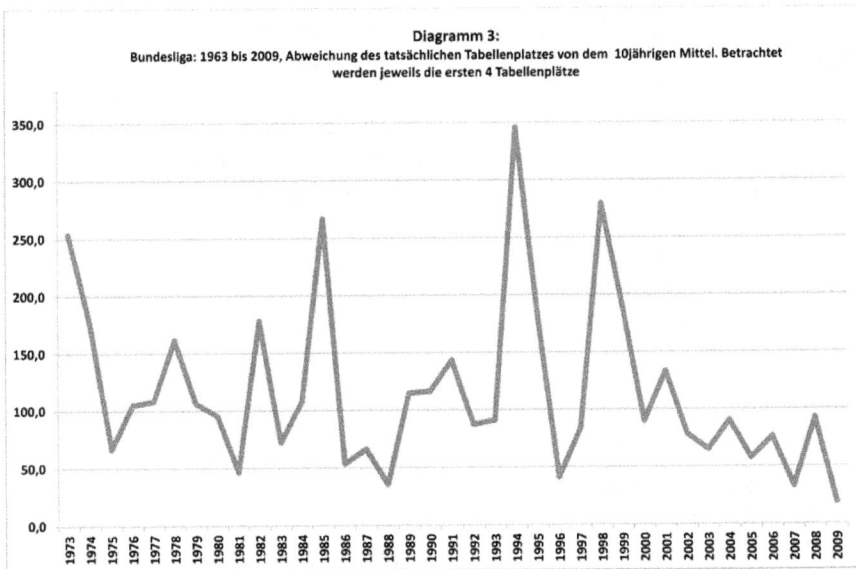

Diagramm 3:
Bundesliga: 1963 bis 2009, Abweichung des tatsächlichen Tabellenplatzes von dem 10jährigen Mittel. Betrachtet werden jeweils die ersten 4 Tabellenplätze

Diagramm 3 beginnt im Jahr 1973, weil wir von einem zehnjährigen Durchschnitt der Tabellenplätze für die Erwartung des nächsten Jahres ausgehen. Für die erste Schätzung benötigen wir einen 10jährigen Vorlauf. Der Überraschungsindex schwankt zwischen ca. 20 (2009) und knapp 350 (1994). Blicken wir zunächst auf den maximalen Wert. 1994 wurde Dortmund Meister, Bremen wurde zweiter, Freiburg dritter und Kaiserslautern vierter. Die Erwartungswerte für die Tabellenplätze waren:

Tabelle 6

Verein	Tabellenplatz-erwartungswert	Tabellenplatz 1994/95
Borussia Dortmund	7,8	1
SV Werder Bremen	4,1	2
SC Freiburg	19,7	3
1. FC Kaiserslautern	8,0	4

Daraus ergibt sich der Überraschungsindex:

$$(7,8 - 1)^2 + (4,1 - 2)^2 + (19,7 - 3)^2 + (8,0 - 4)^2 = 346$$

Dieser große Wert kommt hauptsächlich durch das sehr gute Abschneiden von Freiburg zustande. Der Verein ist ein Jahr zuvor in die Bundesliga aufgestiegen und wurde 15ter. Wenn ein Verein nicht in der Bundesliga spielt, bekommt er einen Index von 20. Dadurch haben Vereine bei der Berechnung des 10jährigen Mittels zunächst eine schlechte Tabellenplatzerwartung, die mit fortdauernder Spielbeteiligung abgebaut wird. Inwieweit dies die Resultate beeinflusst überprüfen wir später durch die Berechnung des 3jährigen Mittelwertes.

Der minimale Wert von ca. 20 wurde in der Saison 2009/10 erreicht. Zunächst ein Blick auf die Daten:

Tabelle 7

Verein	Tabellenplatz-erwartungswert	Tabellenplatz 2009
FC Bayern München	1,7	1
FC Schalke 04	5,4	2
SV Werder Bremen	4,9	3
Bayer Leverkusen	5,8	4

Daraus ergibt sich ein Überraschungsindex von 19. Tatsächlich war die Saison 2009/10 statisch gesehen von kaum überbietbarer Langeweile. Denn die vier Mannschaften mit den besten (= kleinsten) 10jährigen Mittelwerten haben die ersten 4 Plätze unter sich ausgemacht. Einzig dass Schalke mit dem etwas schlechteren Erwartungswert als Bremen Zweiter wurde, lässt eine theoretische Steigerung der Überraschungsarmut zu.

Bei der bisherigen Analyse wurde die Tabellenplatzerwartung mit dem 10jährigen Mittelwert der vorherigen Tabellenplätze berechnet. Um die Robustheit unserer Resultate zu verdeutlichen, werden wir nun die Resultate basierend auf einem 3jährigen Mittelwert vorstellen. Durch die Berechnung des erwarteten Tabellenplatzes mit dem dreijährigen Mittel orientiert sich die Schätzung stärker den aktuellen Leistungen einer Mannschaft. Da wir nur einen dreijährigen Verlauf brauchen, beginnt die Kurve 7 Jahre früher mit der Saison 1966/67. Diesen Verlauf stellen wir in Diagramm 4 dar. Dieses Diagramm zeigt einen ähnlichen Verlauf des Überraschungsindex wie Diagramm 3 dar. Die Ähnlichkeit beider Verläufe zeigt Diagramm 5 durch eine Überlagerung beider Kurven.

Der Überraschungsindex in seinem zeitlichen Verlauf zeigt, wie gut der durchschnittliche Tabellenplatz in vorherigen Spielzeiten die ersten vier Plätze in der jeweils nächsten Saison vorhersagen kann. In dem jeweiligen Überraschungsindex spiegeln sich auch zufällige Entwicklungen: Eine Mannschaft kann durch Glück drei Spiele gewinnen und so besonders gut abschneiden oder sie kann durch Verletzungspech eine Reihe von fest eingeplanten Punkten abgeben und so in der Abschlusstabelle wesentlich schlechter abschneiden als erwartet. Will man diese unvermeidlichen Schwankungen von einem Trend abgrenzen, dann ist es sinnvoll, den Index gleitend zu mitteln.[21] Um einen längerfristigen Trend besser herauszufiltern, betrachten wir das 5jährige gleitende Mittel des Index. Beginnt man mit dem Startjahr der Bundesliga (1963), so erhält man den ersten Mittelwert des 5jährigen gleitenden Mittels für die Jahre 1963 bis 1967, den zweiten Mittelwert für die Jahre 1964 bis 1968 usw. .

---

21   Das ist ein beispielsweise bei der Betrachtung kurzfristig schwankender Preise bewährtes Mittel zur Verdeutlichung von Trends.

44

Diagramm 4:
Bundesliga: 1963 bis 2009: Abweichung des tatsächlichen Tabellenplatzes von dem 3jähigen Mittel. Betrachtet werden jeweils die ersten 4 Tabellenplätze

Diagramm 5:
Bundesliga: 1963 bis 2009, Abweichung des Tabellenplatzes von dem 3jährigen und 10jährigen Mittel.

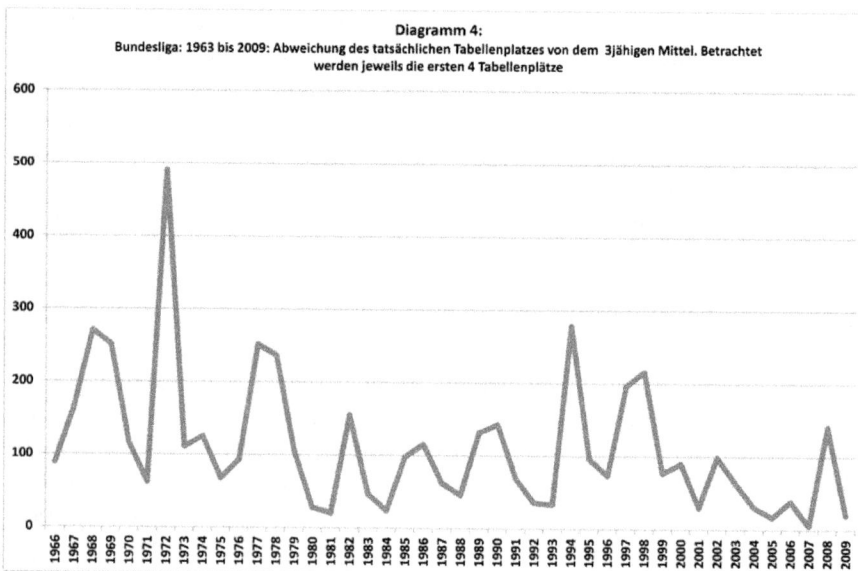

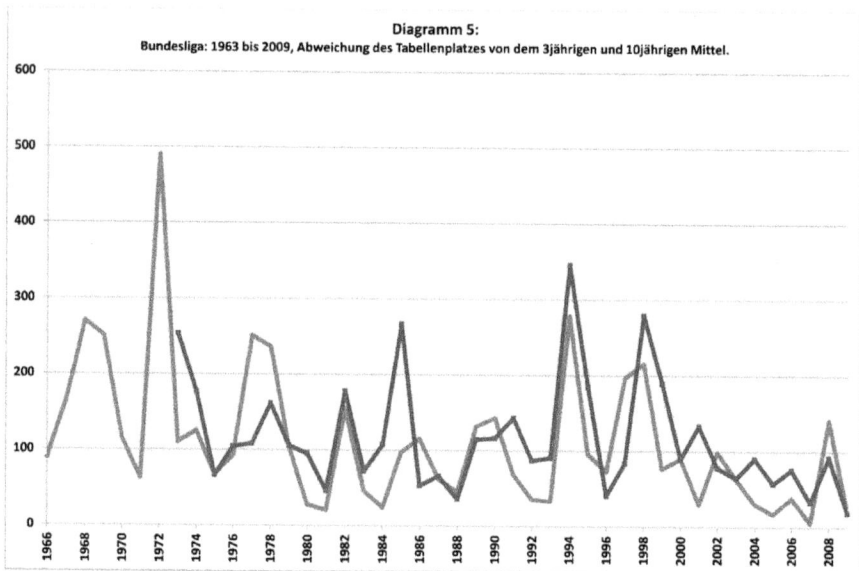

Der gemittelte Überraschungsindex basiert demnach auf zwei Mittelwerten, die unterschiedliche Funktionen haben. Bei dem ersten Mittelwert der Tabellenplätze geht es um die Vorhersage bei dem zweiten Mittelwert geht es um die Glättung einer Kurve zum besseren Herausfiltern von Trends.

Diagramm 6:
Bundesliga 1963 bis 2009: Überraschungsindex im 5jährigen gleitenden Mittel. Tabellenplatzerwartung wurde mit 10jährigem Mittel berechnet.

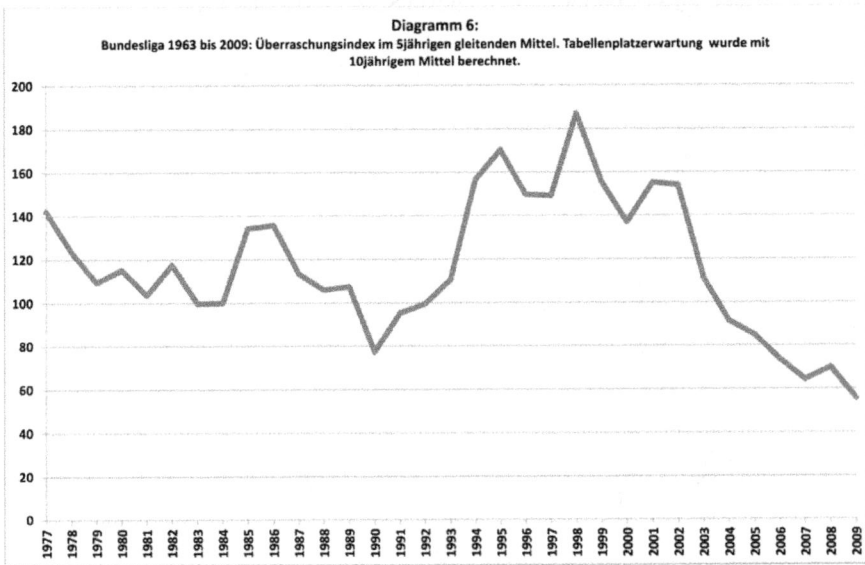

Im Diagramm 6 wurde für die Tabellenerwartung wie im Diagramm 3 ein 10jähriges Mittel gewählt. Das Diagramm beginnt 1977, weil für die Darstellung ein 5jähriges gleitendes Mittel gewählt wurde. Die Folge ist eine weniger gezackte Kurve, weil durch die Mittelwertbildung kurzfristige, für uns uninteressante Schwankungen heraus gerechnet - geglättet - werden. Damit wird ein Trend besser erkennbar: Seit etwa 2000 nimmt die Vorhersagbarkeit in der Bundesliga zu, die Überraschungen auf den ersten 4 Plätzen werden geringer. Es liegt nahe, dies allgemein in einen Zusammenhang mit der zunehmenden Kommerzialisierung und speziell mit der Einführung der Champions League zu bringen. Wenn die Champions League den Fußball in den obersten Ligen verändert hat, dann müssen wir auch Spuren dieser Veränderung in England, Italien und Spanien finden. Danach werden wir die Rolle Aufsteiger analysieren. Nicht nur, weil die Bundesliga von einem Aufsteiger dominiert wird, vor allem auch, weil Aufsteiger von wenigen Ausnahmen abgesehen vergleichsweise finanzschwache Vereine sind. Wenn der Einfluss des 12ten Freundes größer wird, dann müssen die Chancen der Aufsteiger wegen mangelnder Unterstützung schwinden.

In den nächsten Kapiteln werden wir einen statistischen Blick auf diese drei im europäischen Fußballgeschäft erfolgreichsten Ligen werfen. Zunächst analysieren wir die englische höchste und älteste Spielklasse, die Premier League.

3. Premier League

Wie bei den anderen drei Ligen wurde die Untersuchung mit der ersten Spielzeit der obersten Spielklasse begonnen und mit der Saison 2009/2010 abgeschlossen. Die aktuelle oberste englische Spielklasse ist die Premier League und sie begann mit der Saison 1992/93 mit 22 Vereinen, eine oberste Spielklasse gibt es in England seit der Saison 1888/89 und sie startete mit 12 Vereinen. Die folgende Tabelle zeigt die Vereine in der Rangordnung der ersten Saison - Preston North End wurde Meister und Stoke City 12ter - und ihrer Beteiligung an den Spielzeiten 1989 bis 2009.

Tabelle 8

Verein	1989	1990	1991	1992	1993	1994	1995	1996	1997	1998	1999
Preston North End											
Aston Villa	2	17	7	2	10	18	4	5	7	6	6
Wolverhampton Wanderers											
Blackburn Rovers				4	2	1	7	13	6	19	
Bolton Wanderers							20		18		
West Bromwich Albion											
Accrington Stanley											
FC Everton	6	9	12	13	17	15	6	15	17	14	13
FC Burnley											
Derby County	16	20						12	9	8	16
Notts County			21								
Stoke City											

Verein	2000	2001	2002	2003	2004	2005	2006	2007	2008	2009
Preston North End										
Aston Villa	8	8	16	6	10	16	11	6	6	6
Wolverhampton Wanderers			20							15
Blackburn Rovers		10	6	15	15	6	10	7	15	10
Bolton Wanderers		16	17	8	6	8	7	16	13	14
West Bromwich Albion			19		17	19			20	
Accrington Stanley										
FC Everton	16	15	7	17	4	11	6	5	5	8
FC Burnley										18
Derby County	17	19						20		
Notts County										
Stoke City									12	11

Das Resultat belegt die Beständigkeit vieler Gründungsmitglieder des englischen Profifußballs. Nur der damalige Meister Preston North End und Accrington Stanley sind an den Spielzeiten 1989 bis 2009 nicht mehr beteiligt; Preston

North stieg 1960 aus der obersten englischen Spielklasse ab und Accrington Stanley bereits 1892. Auch wenn keiner der jetzt in der Premier League dominierenden Vereinen (Manchester United, FC Chelsea, FC Liverpool und Arsenal London) zu den Gründungsmitgliedern gehört, so konnte das Gründungsmitglied Blackburn Rovers doch immerhin eine Meisterschaft erreichen. Bei der Untersuchung des Überraschungsindex für die englische Liga gehen wir methodisch wie bei der Bundesliga vor. Da die Bundesliga die jüngste der vier untersuchten Ligen ist, werden wir zunächst bei den drei anderen Ligen jeweils die Entwicklung vom Ligabeginn an untersuchen und - um die Vergleichbarkeit mit der Bundesliga herzustellen - separat die jeweilige Entwicklung seit 1963.

Die oberste englische Liga umfasst im Untersuchungszeitraum 111 Spielzeiten (1888 - 2009, jeweils unterbrochen durch die beiden Weltkriege). Von den 2009 beteiligten Vereinen bringt es der FC Everton auf 107 und Aston Villa auf 99 Spielzeiten. Von den vier dominierenden Mannschaften bringen es der FC Liverpool auf 95, der FC Arsenal auf 93, Manchester United auf 85, der FC Chelsea auf 75 und das zunehmende stärker werdende Manchester City auf 81 Spielzeiten, so dass die gegenwärtigen Topclubs auf eine lange Tradition in der ersten englischen Liga zurückblicken können. Allerdings gibt es keinen Verein, der von 1888 bis jetzt dabei war und auch keinen frühen Aufsteiger, der sich dann beständig in der Liga halten konnte. Die Tabelle 9 zeigt für die prominentesten englischen Clubs die gesamte Verweildauer[22] in den insgesamt 111 Spielzeiten, die Zahl der Verweildauern und die Jahre, die ein Verein bis zur Saison 2009/10 ununterbrochen in der ersten Liga gespielt hat. Zusätzlich geben wir an, ob ein Verein Gründungsmitglied der Liga ist.

---

22 Ein Verein, der von Beginn an oder seit seinem Aufstieg bis 2009 oder seinem Abstieg ununterbrochen in der Liga ist, bringt es auf eine Verweildauer. Steigt ein Verein ab und wieder auf, dann hat der Verein zwei Verweildauern u.s.w.. Die Tabelle 9 zeigt die 10 Vereine mit der in der Summe längsten Verweildauer in der höchsten englischen Spielklasse seit 1988.

Tabelle 9

Verein	Gründungs- mitglied?	Summe Spielzeiten	Anzahl Verweil- dauern	Wie viele konsekutive Spielzeiten bis 2009
FC Everton	JA	107	3	56
Aston Villa	JA	99	5	22
FC Liverpool	NEIN	95	4	48
FC Arsenal	NEIN	93	2	84
Manchester United	NEIN	85	6	35
Manchester City	NEIN	81	11	8
FC Sunderland	NEIN	79	9	3
Newcastle United	NEIN	79	5	nicht in Liga
FC Chelsea	NEIN	75	7	21
Tottenham Hotspur	NEIN	75	5	32

Der Rekordhalter FC Everton mit 107 Spielzeiten ist als Gründungsmitglied 2 Mal abgestiegen und bringt es seit seinem letzten Aufstieg auf 56 konsekutive Spielzeiten. Aston Villa ist insgesamt 4 Mal abgestiegen und kommt aktuell auf 22 konsekutive Spielzeiten. Der FC Liverpool ist 4 Mal auf- und 3 Mal abgestiegen und kommt aktuell auf 48 Spielzeiten ohne Unterbrechung. Besser ist nur Arsenal mit aktuell 84 konsekutiven Spielzeiten. Die Mannschaft ist 2 Mal auf- und 1 Mal abgestiegen. Bewegter ist die Vergangenheit von Manchester United mit 6 Aufstiegen und 5 Abstiegen und aktuell 35 konsekutiven Teilnahmen. Der FC Chelsea bringt es auf 7 Aufstiege und 6 Abstiege und war 2009 21 Mal hintereinander in der Liga. Manchester City ist bei der hier gewählten langfristigen Betrachtung eher eine Fahrstuhlmannschaft: Sie ist 11 Mal auf- und 10 Mal abgestiegen und bringt es aktuell auf 8 konsekutive Beteiligungen. Die oberste englische Spielklasse lässt angesichts dieser Zahlen eine hohe Variabilität erwarten. Zumindest muss man diesen Eindruck gewinnen, wenn man die Liga in der Gesamtschau betrachtet. Es gibt keine Mannschaft wie Bayern München, die seit ihrem Aufstieg die Liga dominiert. Selbst heute überragende Vereine wie Manchester United und der FC Chelsea können nicht auf eine vergleichbar lange Erfolgsgeschichte wie der FC Bayern verweisen. Aber die Art und Weise, wie der FC Chelsea und gerade Manchester City sich an der Spitze festsetzen, legt eine vorsichtige Interpretation der Dynamik der Premier League nahe: Bislang eher mittelmäßige Mannschaften werden durch enorme Investitionen zu europäischen Spitzenmannschaften verstärkt und dies ist eine Entwicklung, die erst die jüngste Phase der traditionsreichen obersten englischen Liga prägt. Deswegen wollen wir jetzt durch die Berechnung des Überraschungsindex

einen differenzierteren Blick auf die Dynamik der obersten englischen Spielklasse werfen.

Diagramm 7 zeigt die Entwicklung des Index seit Gründung 1888. Die Grafik beginnt 1898, weil die Tabellenplatzerwartung mit dem 10jährigen Mittel
berechnet wurde. Diagramm 7 gibt den Verlauf für die englische Liga in glei-
cher Weise wieder wie Diagramm 3 für die Bundesliga. Das Maximum erreicht
die Kurve 1950 mit einem Überraschungsindex von ca. 950. Zunächst ein Blick
auf die Tabelle von 1950 und die Erwartungswerte für die ersten 4 Vereine.

Alle 4 Vereine haben schlechte Tabellenerwartungswerte und die Tabelle 11
deutet eine mögliche Erklärung an. Durch den zweiten Weltkrieg gab es zwischen 1939 und 1945 keinen Spielbetrieb und man kann bei einem derartig dramatischen Einschnitt nicht von einer beständigen Liga ausgehen.

Diagramm 7:
Oberste englische Liga: 1888 bis 2009, Abweichung des tatsächlichen Tabellenplatzes von dem 10jährigen Mittel.
Betrachtet werden jeweils die ersten 4 Tabellenplätze.

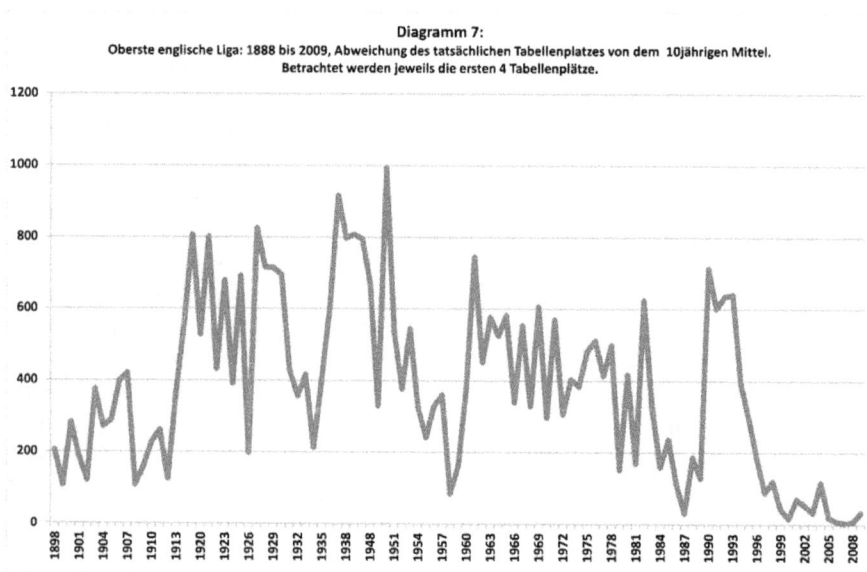

Tabelle 10

Verein	Tabellenplatz-erwartungswert	Tabellenplatz 1950
Tottenham Hotspur	21,7	1
Manchester United	14,1	2
FC Blackpool	16,0	3
Newcastle United	19,8	4

Tabelle 11

Verein	1932	1933	1934	1936	1937	1938	1946	1947	1948	1949
FC Blackpool	22					12	15	5	9	16	7
Manchester United					21		14	2	2	2	4
Newcastle United	5	21								4	5
Tottenham Hotspur		3	22								

Der Meister von 1950, Tottenham Hotspur war in den letzten 10 vorherge-
gangenen Spielzeiten nur zweimal am Ligabetrieb beteiligt. Dass er als Aufsteiger sofort Meister wurde, ist sicher überraschender als der zweite Platz von
Manchester United, denn immerhin war Manchester zuvor dreimal Zweiter und
einmal Vierter. Aber Manchester war 4-mal nicht in der Liga - 1932 bis 1934
und 1937 - und ein 21. und ein 14. Platz tragen ebenfalls zu einem schlechten
Tabellenplatzerwartungswert bei. Wenn eine Mannschaft nicht am Spielbetrieb
beteiligt ist, dann erhält sie einen Tabellenplatzerwartungswert von Anzahl der
teilnehmenden Mannschaften + 2; in diesem Fall also einen Wert von 24, weil in
dieser Zeit an der ersten englischen Liga 22 Mannschaften teilnahmen.[23] Durch
die Unterbrechung des Spielbetriebs ist ein 10jähriger Erwartungswert von einer
eingeschränkten Aussagekraft. Deswegen wollen wir uns ergänzend den Verlauf
des Überraschungsindex bei einem dreijährigen Erwartungswert ansehen.

---

23   Die Vorgehensweise für die Bundesliga wenden wir für alle untersuchten europäischen
      Ligen an.

Diagramm 8:
Oberste englische Liga: 1888 bis 2009, Abweichung des tatsächlichen Tabellenplatzes von dem 3jährigen Mittel.
Betrachtet werden jeweils die ersten 4 Tabellenplätze.

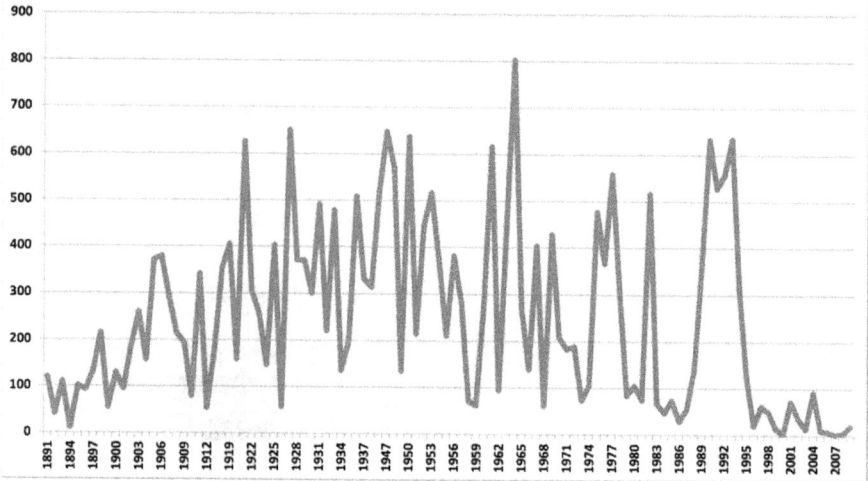

Das Maximum des Überraschungsindex ist geringer und wird nicht mehr wie bei einem auf der Basis eines 10jährigen Mittels berechneten Erwartungswerts 1950 erreicht sondern 1964 mit einem Wert von ca. 800. Auffallend sind bei dem Kurvenverlauf die zunächst kleinen Werte des Überraschungsindex zu Beginn und die sehr kleinen Werte seit Mitte der 90er Jahre. Die kleinen Werte zu Beginn resultieren aus der kleinen Zahl der teilnehmenden Vereine. Wie bereits gezeigt, hängt die maximale (theoretische) Größe des Überraschungsindex von der Zahl der am Spielbetrieb teilnehmenden Vereine ab. Deswegen kann der deutlich abfallende Überraschungsindex Mitte der 90er Jahre gerade nicht mit einer geringen Zahl teilnehmender Mannschaften erklärt werden. Die Premier League begann 1992/93 mit 22 Vereinen, seit der Saison 1995/96 spielt sie mit 20 Vereinen. Gleichwohl ist der Überraschungsindex seit Beginn der Premier League deutlich gesunken. Ein Blick auf Diagramm 8 zeigt, dass ein Überraschungsindex - berechnet mit einem 3jährigen Mittelwert - kleiner gleich 100 eher selten ist.

Tabelle 12

1963	1964	1965	1966	1967	1968	1969	1970	1971	1972	1973	1974

1975	1976	1977	1978	1979	1980	1981	1982	1983	1984	1985	1986

1987	1988	1989	1990	1991	1992	1993	1994	1995	1996	1997	1998
31,2										89,4	

1999	2000	2001	2002	2003	2004	2005	2006	2007	2008	2009	
43,4	17,1	70,6	53,5	33,4		19,1	8,9	3,4	7,4	33,3	

Tabelle 12 gibt die dramatischen Veränderungen in der obersten englischen Spielklasse seit Einführung der Premier-League wieder. Zur Verdeutlichung des Musters wurden Überraschungsindices größer 100 schwarz markiert. Seit 1963 gab es bis Einführung der Premier-League (1992/1993) eine Spielzeit (1987/88) mit einem Überraschungsindex kleiner gleich 100. Seit der Spielzeit 1992/1993 ist ein Überraschungsindex von kleiner 100 anscheinend zum Normalfall geworden. Betrug der Überraschungsindex im Durchschnitt für die Spielzeiten von 1963 bis 1991 387, so hat er für die Spielzeiten der Premier-League (1992 - 2009) mit einem Wert 153 weniger als die Hälfte dieses Wertes. Der kleinste Überraschungsindex für die oberste englische Spielklasse wurde 2007 mit einem dicht am theoretischen Minimum liegenden Wert von ca. 3,4 erreicht.

Tabelle 13

Verein	Tabellenplatz-erwartungswert	Tabellenplatz 2007
Manchester United	1,8	1
FC Chelsea	3,4	2
FC Arsenal	2,1	3
FC Liverpool	3,9	4

Die vier Spitzenvereine haben sehr niedrige Tabellenerwartungswerte und hätten Arsenal und Chelsea die Plätze getauscht, dann hätten wir statistisch gesehen eine perfekt prognostizierbare und damit langweilige Saison. Dass man diese vier Mannschaften tatsächlich vorne erwarten konnte, zeigen die Tabellenplatzerwartungswerte für die Saison 2007:

Tabelle 14

Verein	Tabellenplatz-erwartungswerte 2007
Manchester United	1,8
FC Arsenal	2,1
FC Chelsea	3,4
FC Liverpool	3,9
Aston Villa	9,4
Newcastle United	9,4
Tottenham Hotspur	9,9

Zwischen dem Viertbesten Verein Liverpool und dem Fünftbesten Aston Villa besteht ein deutlicher Abstand. Der niedrige Überraschungsindex ist demnach auch mit der Dominanz von vier Mannschaften zu erklären, die in den vorhergehenden Spielzeiten die ersten 4 Plätze unter sich ausgemacht haben. Nur so ist zu erklären, dass die Tabellenplatzerwartung der ersten vier zwischen 1,8 und 3,9 liegt und der in der Erwartung Fünftbeste (Aston Villa) mit 9,4 einen deutlichen Abstand hat. In einer sehr ausgeglichenen Liga wie es die Bundesliga in den Anfangsjahren gewesen ist, liegen die Erwartungen für den Tabellenplatz dichter beieinander:

Tabelle 15

Verein	Tabellenplatz-erwartungswerte 1973
1. FC Köln	5,4
FC Bayern München	5,7
Eintracht Frankfurt	7,2
Borussia Mönchengladbach	7,3
SV Werder Bremen	8,5
VfB Stuttgart	8,6
Eintracht Braunschweig	9,3
MSV Duisburg	9,3
Hamburger SV	9,4
Borussia Dortmund	9,7

Wenn die beste Mannschaft - der 1. FC Köln - eine Erwartung von 5,4 hat, dann mag dies irritierend wirken, aber es ist leicht zu erklären, weil sich in dieser Phase der Liga kein (e) Verein (e) absetzen konnten. Eine hohe Variabilität besteht in einer Liga ja gerade darin, dass starke Vereine einige schwächere Spielzeiten haben und schwächere Vereine einige starke Spielzeiten. Zwar hat der FC Bayern seinen Durchmarsch begonnen, aber es wird noch einige Jahre dauern, bis er alle anderen Mannschaften distanziert hat.

Um die englische Liga besser mit der Bundesliga vergleichen zu können, betrachten wir nun diese Liga seit 1963, dem Beginn der Bundesliga.

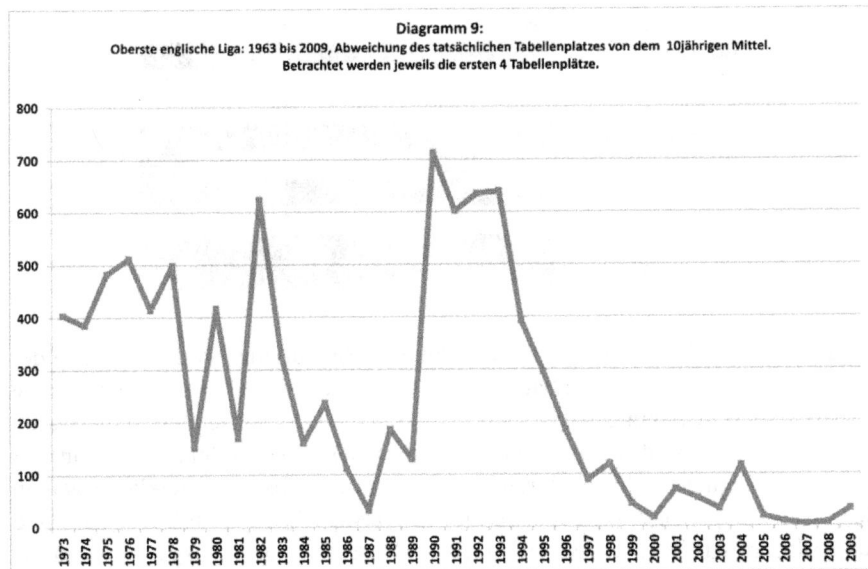

Diagramm 9:
Oberste englische Liga: 1963 bis 2009, Abweichung des tatsächlichen Tabellenplatzes von dem 10jährigen Mittel. Betrachtet werden jeweils die ersten 4 Tabellenplätze.

Tabelle 16 gibt an, welche Vereine in der obersten englischen Liga zwischen den Spielzeiten 1995 und 2009 die ersten 4 Plätze erreicht haben. Hat ein Verein nicht einen der ersten 4 Plätze erreicht, dann ist die Zelle schwarz markiert. Arsenal, Chelsea, Liverpool und Manchester United dominieren, während die restlichen 5 Mannschaften (Aston Villa, FC Everton, Leeds United, Newcastle United und Tottenham Hotspur) auf den vorderen Plätzen und erst recht in der Champions League eher als Zaungäste auftauchen.

Tabelle 16

Verein	1995	1996	1997	1998	1999	2000	2001	2002
Aston Villa	4							
FC Arsenal		3	1	2	2	2	1	2
FC Chelsea			4	3				4
FC Everton								
FC Liverpool	3	4	3		4	3	2	
Leeds United				4	3	4		
Manchester United	1	1	2	1	1	1	3	1
Newcastle United	2	2					4	3
Tottenham Hotspur								

Verein	2003	2004	2005	2006	2007	2008	2009
Aston Villa							
FC Arsenal	1	2	4	4	3	4	3
FC Chelsea	2	1	1	2	2	3	1
FC Everton		4					
FC Liverpool	4		3	3	4	2	
Leeds United							
Manchester United	3	3	2	1	1	1	2
Newcastle United							
Tottenham Hotspur							4

Diagramm 10 verdeutlicht die zunehmende Monotonie bei der Vergabe der ersten vier Plätze besser als Diagramm 9, weil durch eine Glättung über 5 Jahre kurzfristige Schwankungen herausgerechnet wurden. Englische Vereine waren gerade in der Zeit des monotonen Abstiegs des Überraschungsindex in der Champions League sehr erfolgreich. Die oberste englische Spielklasse war in den 80'er Jahren von zwei Katastrophen im Heysel-Stadion (Brüssel 1985) und im Hillsborough-Stadion (Sheffield 1989) betroffen. Dass ausgerechnet diese krisenhafte Phase mit einer an Überraschungen reichen Liga einhergeht, zeigt, dass eine eigentlich wünschenswerte sportliche Variabilität nicht notwendig von akzeptablen organisatorischen Rahmenbedingungen begleitet wird. In den 90'er Jahren wurde der englische Fußball beispielsweise durch Stadien ausschließlich mit Sitzplätzen grundlegend verändert und die Premier League wurde zur lukrativsten Liga (Wikipedia 2012; Premier League).

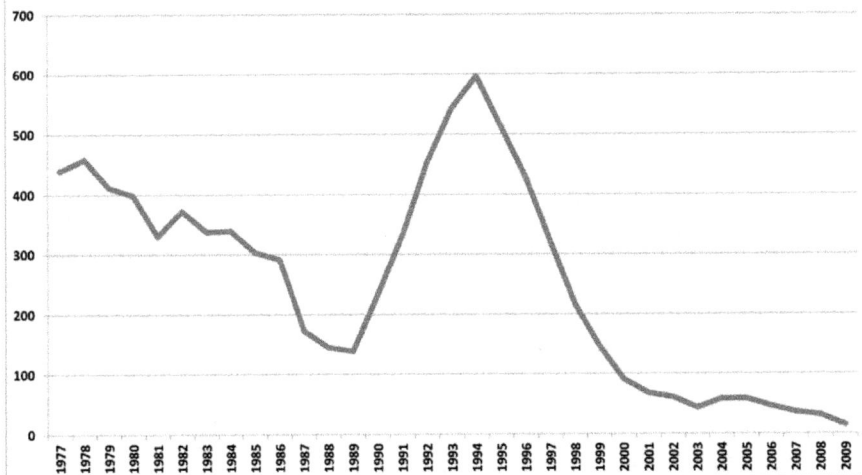

Diagramm 10:
Oberste englische Liga 1963 bis 2009: Überraschungsindex im 5jährigen gleitenden Mittel. Tabellenplatzerwartung wurde mit 10jährigem Mittel berechnet.

4. Serie A

Die Geschichte der obersten italienischen Spielklasse beginnt im 19ten Jahrhundert, allerdings startet unsere Analyse mit der Saison 1929/30. Erst seit dieser Spielzeit wird die Meisterschaft nach dem aus der Bundesliga bekannten Modus ausgetragen, indem jeder Verein gegen alle anderen spielen muss. Zuvor wurde der italienische Meister nach einem Modus ermittelt, der ähnlich dem der Zeit vor der Einführung der Bundesliga war: Die besten Vereine aus unterschiedlichen Regionen haben in einem Turnier den italienischen Meister ausgespielt. In diesem Sinne bezeichnen wir die an der Spielzeit 1929/30 teilnehmenden Vereine als Gründungsmitglieder. Wie die Tabelle 17 zeigt war nur Inter Mailand an allen 79 Spielzeiten[24] beteiligt:

Tabelle 17

Verein	Gründungs- mitglied	Summe Spielzeiten	Anzahl Verweildauer	Wie viele konsekutive Spielzeiten bis 2009
Inter Mailand	Ja	79	1	79
AS Rom	Ja	78	2	58
Juventus Turin	Ja	78	2	3
AC Mailand	Ja	77	3	27
AC Florenz	Nein	72	5	6
FC Turin	Ja	69	6	Nicht in Liga
Lazio Rom	Ja	67	7	22
SSC Neapel	Ja	65	7	3

Auffallend ist, dass die Vereine mit einer insgesamt hohen Ligabeteiligung bis auf den AC Florenz Gründungsmitglieder sind. Aber nur Inter Mailand und der AS Rom sind aus der Sicht der Spielzeit 2009 sehr lange ununterbrochen in der Liga, nämlich 79 und 58 Spielzeiten. Auch international außerordentlich erfolgreiche Mannschaften wie der AC Mailand und Juventus Turin bringen es nur auf 27 bzw. 3 konsekutive Spielzeiten. Dies ist eine Folge von Skandalen mit

---

24 Inter Mailand war Gründungsmitglied, ist nie abgestiegen - eine Verweildauer - und demnach muss die Summe der Spielzeiten gleich der Zahl der konsekutiven Spielzeiten bis 2009 sein.

Zwangsabstiegen, so hat etwa der 2006 aufgedeckte Wettskandal zu einem Zwangsabstieg von Juventus Turin geführt. Die Zahl 2 bei den Verweildauern von Juventus ist deswegen von den Resultaten der Spiele her nicht zu erklären. Ohne Zwangsabstieg hätte Juventus Turin ohne Unterbrechung in der obersten italienischen Spielklasse gespielt. Dies gilt in ähnlicher Weise auch für den AC Mailand, der bereits 1980 wegen illegaler Wetten zusammen mit Lazio Rom die Serie A durch einen Zwangsabstieg verlassen musste und sich in der Folgezeit schwer tat, an die alten Erfolge anzuknüpfen, so dass der Verein 1981/82 erneut abstieg. Man kann diesen zweiten sportlichen Abstieg auch als eine Folge des Wettskandals deuten, so dass die Feststellung plausibel ist, ohne Wettskandal hätte der AC Mailand ununterbrochen in der obersten italienischen Liga gespielt. Der Wettskandal 2005/06 hatte nur einen Punktabzug für den AC Mailand zur Folge, der dann in der Berufung gemildert wurde, so dass der Verein noch die Möglichkeit hatte an der Champions League teilzunehmen. Allerdings fragt man sich angesichts der Manipulationsvorwürfe gegen eine Reihe von italienischen Vereinen, welche der Resultate das Ergebnis eines fairen Wettbewerbs und welche Resultate die Folge von Absprachen sind.

Anders als in der englischen Premier League haben die europäisch erfolgreichen Vereine eine sehr lange Ligabeteiligung. Anscheinend gibt es auch kein italienisches Manchester City, also einen Verein, der in jüngster Zeit durch extrem hohe Investitionen Erfolge erzielt. Diagramm 11 zeigt den Überraschungsindex der obersten italienischen Spielklasse berechnet auf der Basis des 10jährigen Mittelwertes.

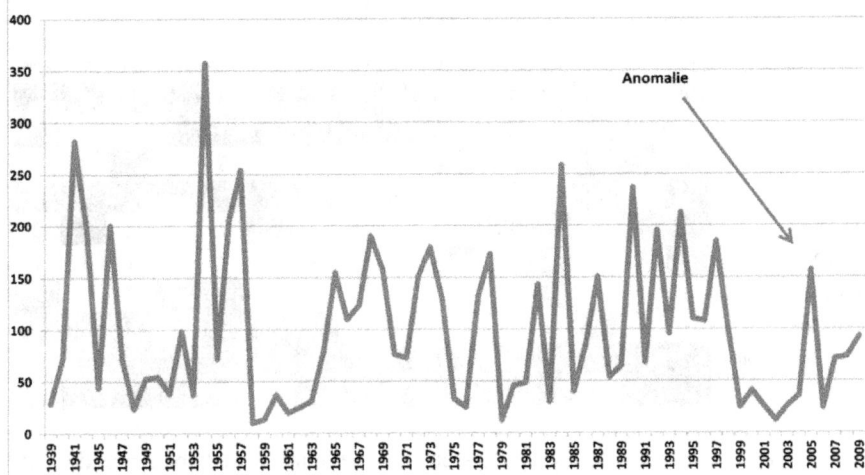

Diagramm 11:
Oberste italienische Liga: 1929 bis 2009, Abweichung des tatsächlichen Tabellenplatzes von dem 10jährigen Mittel.
Betrachtet werden jeweils die ersten 4 Tabellenplätze.

Für die Interpretation muss zunächst auf die unterschiedliche Zahl der an der Liga teilnehmenden Vereine verwiesen werden. Die Liga hat seit 2004 20 Vereine, ein Wert der nur in der Spielzeit 1947 um 1 überschritten wurde. Bis auf die Periode 1967 bis 1987 mit 16 Vereinen hatte die oberste italienische Liga seit dem zweiten Weltkrieg zumindest immer 18 Vereine, so dass die Vergleichbarkeit mit den drei anderen europäischen Top-Ligen gegeben ist. Die einzige Ausnahme ist die Saison 1945 mit nur 8 teilnehmenden Vereinen. Vergleicht man die absoluten Werte des Überraschungsindex mit der Premier League, dann fallen die relativ kleinen Werte der italienischen Liga auf. Im Rahmen dieser insgesamt eher kleinen Überraschungen weist die italienische Liga eine recht gleichmäßige Variabilität auf, die ab 1997 deutlich abnimmt, wäre da nicht der Ausreißer 2005. In diesem Jahr wurde der nach Meistertiteln erfolgreichste italienische Verein, Juventus Turin, wegen seiner Beteiligung an Manipulationen auf den letzten 20ten Platz gesetzt. Für die Saison 2005 hatte Juventus Turin einen Tabellenplatzerwartungswert von 2, während der AC Chievo Verona einen Tabellenplatzerwartungswert von 15,6 hatte. Dieser für einen Tabellenvierten schlechte Erwartungswert treibt den Überraschungsindex nach oben. Anders ausgedrückt: Wäre Juventus Turin nicht strafversetzt worden, dann gäbe es den als *Anomalie* bezeichneten Ausreißer im Diagramm 11 nicht und wir hätten den sehr niedrigen Überraschungsindex, den wir bereits in der englischen Liga beobachten konnten.

Ein Blick auf die ersten 4 seit 1995 bestätigt die relative große Monotonie in der italienischen Liga.

Tabelle 18

Verein	1995	1996	1997	1998	1999	2000	2001	2002	2003	2004	2005	2006	2007	2008	2009
AC Chievo Verona											4				
AC Florenz	4		3										4	4	
AC Mailand	1		1	3		4	3	1	2	3	4			3	3
AC Parma		2		4		4									
AS Rom		4				1	2		2		2	2	2		2
Inter Mailand		3	2		4		3	2	4	3	1	1	1	1	1
Juventus Turin	2	1	1		2	2	1	1	3	1			3	2	
Lazio Rom	3	4		2	1	3		4				3			
Sampdoria Genua															4
Udinese Calcio			3								4				

Nennenswerte Anteile an den ersten 4 Tabellenplätzen haben nur der AC Mailand, AS Rom, Inter Mailand, Juventus Turin und Lazio Rom. Um die Serie A besser mit der Bundesliga vergleichen zu können, betrachten wir nun den Überraschungsindex ab 1963, der wegen der Verwendung des 10jährigen Mittels für die Berechnung des Tabellenplatzerwartungswertes wie bei den anderen Diagrammen 1973 beginnt.

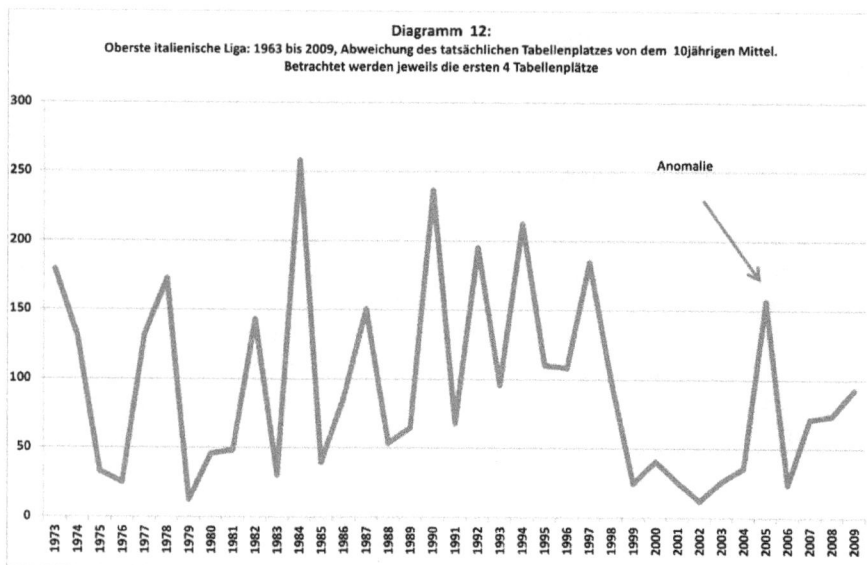

Diagramm 12:
Oberste italienische Liga: 1963 bis 2009, Abweichung des tatsächlichen Tabellenplatzes von dem 10jährigen Mittel.
Betrachtet werden jeweils die ersten 4 Tabellenplätze

Mit einer 5jährigen Glättung wird der Trend des Überraschungsindex deutlicher erkennbar:

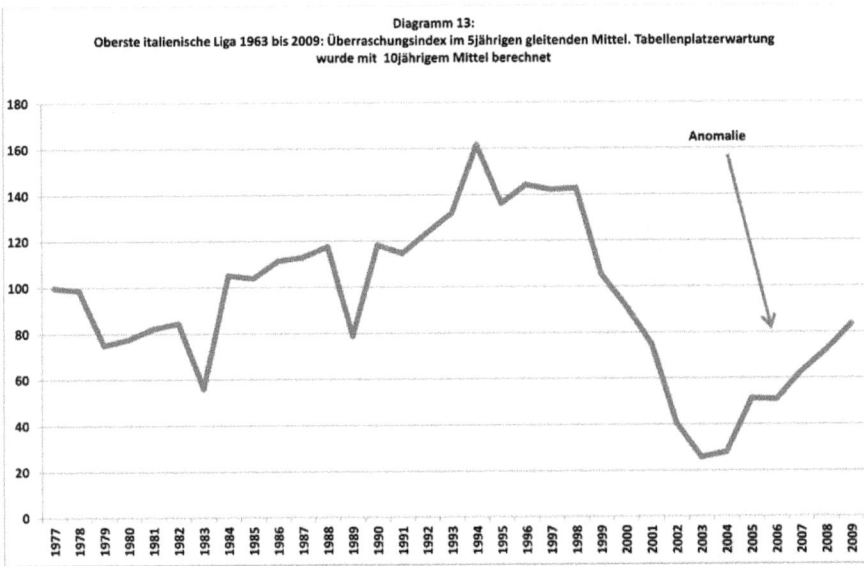

Diagramm 13:
Oberste italienische Liga 1963 bis 2009: Überraschungsindex im 5jährigen gleitenden Mittel. Tabellenplatzerwartung wurde mit 10jährigem Mittel berechnet

Sieht man von der durch den Zwangsabstieg von Juventus Turin bedingten Anomalie ab, dann ist eine Tendenz zu einem niedrigen Überraschungsindex seit Mitte der 90er Jahre zu erkennen. Bei der Betrachtung des Überraschungsindex der Serie A sollte man die niedrigen Werte im Vergleich zur Bundesliga oder zur Premier League beachten. Der Rückgang Ende der 90er Jahre erfolgt auf einem bereits sehr niedrigen Niveau. Damit haben wir in drei der vier europäischen Top-Ligen eine Tendenz zu einer zunehmenden Monotonie bei der Vergabe der ersten 4 Tabellenplätze. Damit kommen wir zur Analyse der ersten spanischen Liga, der Primera División.

5. Primera Divisón

Die spanische Primera División startete 1929 mit nur 10 Vereinen in ihre erste Saison. Die Zahl der teilnehmenden Vereine wurde ab 1951 auf 16 erhöht, ab 1972 waren es 18 Vereine, ab 1989 20, in den beiden Spielzeiten 1996 und 1997 kurzfristig 22 Vereine, seit 1998 bis heute 20 Vereine. In dem für uns wichtigen Vergleichszeitraum 1963 bis 2009 weichen die Zahlen der spanischen Liga nicht relevant von denen der drei anderen Ligen ab. Die Geschichte der ersten spanischen Liga lässt sich durch die Gegenüberstellung der Abschlusstabelle der ersten spanischen Meisterschaft mit der Abschlusstabelle der letzten in unserer Untersuchung berücksichtigten Saison erzählen. Es ist die Geschichte von zwei Torreros und einer variablen Anzahl von Stieren. Und wie im realen Stierkampf verliert der Stier fast immer.

Tabelle 19

Vereine	1929	2009	Vereine	1929	2009
FC Barcelona	1	1	Athletic Bilbao	3	13
Real Madrid	2	2	Sporting Gijon	nicht in Liga	14
FC Sevilla	nicht in Liga	3	Real Valladolid	nicht in Liga	15
Atlético Madrid	6	4	CA Osasuna	nicht in Liga	16
FC Villarreal	nicht in Liga	5	FC Getafe	nicht in Liga	17
FC Valencia	nicht in Liga	6	Real Betis	nicht in Liga	18
Deportivo La Coruña	nicht in Liga	7	CD Numancia	nicht in Liga	19
FC Malaga	nicht in Liga	8	Recreativo Huelva	nicht in Liga	20
RCD Mallorca	nicht in Liga	9	Arenas de Guecho	5	nicht in Liga
Espanyol Barcelona	7	10	Europa Barcelona	8	nicht in Liga
UD Almeria	nicht in Liga	11	Real Sociedad	4	nicht in Liga
Racing Santander	10	12	Real Union Irun	9	nicht in Liga

1929 und 2009 war der FC Barcelona Meister und Real Madrid zweiter. Diese beiden Mannschaften dominierten und dominieren die spanische erste Liga wie kein anderes Vereinspaar in den drei anderen untersuchten europäischen Ligen. Sie waren von Anfang an dabei und waren bald allen anderen Vereinen deutlich überlegen. Das folgende Diagramm zeigt die Minima und Maxima des 10jährigen Mittels der Tabellenplätze von 1963 bis 2009

66

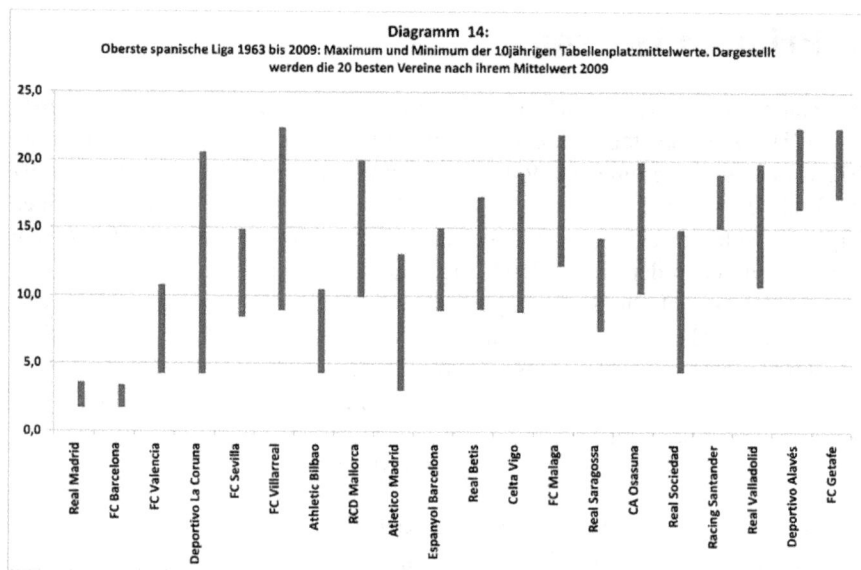

Diagramm 14:
Oberste spanische Liga 1963 bis 2009: Maximum und Minimum der 10jährigen Tabellenplatzmittelwerte. Dargestellt werden die 20 besten Vereine nach ihrem Mittelwert 2009

In Diagramm 14 steht das untere (kleinere) Ende der Strecke für den besten 10jährigen Tabellenplatzmittelwert und das obere Ende der Strecke für den schlechtesten Tabellenplatzmittelwert in dem betrachteten Zeitraum. Bei dem FC Valencia, dem dritten Verein in der Grafik, war beispielsweise der beste Wert etwa 4 und der schlechteste Wert etwa 11.

Real Madrid hatte 2009 mit 2,2 den besten 10jährigen Tabellenplatzmittelwert, während der FC Barcelona, der Meister von 2009, mit 2,6 einen etwas schlechteren 10jährigen Mittelwert hat. Man sieht mit einem Blick, dass Madrid und Barcelona die mit Abstand besten Mannschaften waren, weil nur sie stets vordere Tabellenplätze erreichen konnten, so dass die schlechtesten Mittelwerte 3,6 bzw. 3,4 gewesen sind. Nur Atlético Madrid hat als besten Wert 3,0 und ist damit etwas mit seinem besten Wert besser als die beiden Spitzenmannschaften mit ihrem schlechtesten Wert, aber dafür zeigt der schlechteste Wert 13,1 von Atlético Madrid, wie weit der Verein über längere Zeit von den ersten 4 Plätzen entfernt ist. Während die beiden Spitzenmannschaften mit ihrem schlechtesten Mittel noch immer besser als 4 sind, sind die schlechtesten Mittelwerte aller anderen Vereine schlechter als 10 bei vielen sogar deutlich.[25]

---

25 Wenn ein Verein nicht in der Liga ist, bekommt er den fiktiven Wert Zahl der Ligaplätze + 2.

Wie nicht anders zu erwarten zeigt der zeitliche Verlauf der 10jährigen Mittelwerte die geringe Variabilität der Kurven von Real Madrid und FC Barcelona, während die nächsten Vereine deutliche Schwankungen aufweisen. Wie auch in der Bundesliga waren zu Beginn einige Vereine auf Augenhöhe, vor allem der später abgefallene und deshalb hier nicht berücksichtigte Athletic Bilbao (4 Meisterschaften bis 1936), aber bald hatten die beiden heutigen Ausnahmemannschaften eine deutliche Distanz zu den allenfalls zeitlich begrenzt konkurrenzfähigen Mannschaften hergestellt. Es bleibt abzuwarten, ob Valencia und Coruña den Abstand zu Madrid und Barcelona auf Dauer begrenzen können, oder ob es sich nur um ein Zwischenhoch handelt.

Diagramm 15:
Oberste spanische Liga 1929 bis 2009: Verlauf des 10jährigen Mittelwertes für die 5 besten Vereine nach den Mittelwerten von 2009

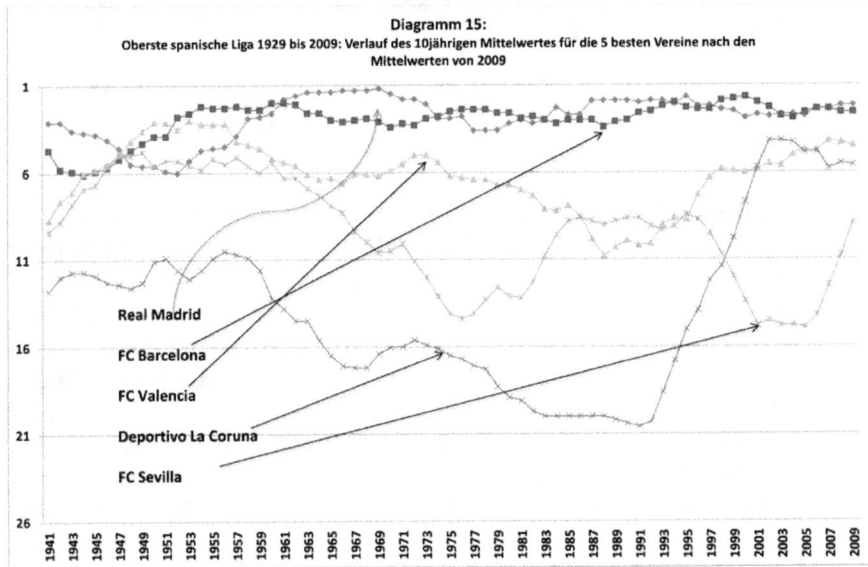

Die folgende Tabelle zeigt schwarz markiert die Jahre, in denen weder Real Madrid noch FC Barcelona unter den ersten 4 der spanischen Meisterschaft waren:

Tabelle 20

Saison	29	30	31	32	33	34	35	36	40	41	42	43	44	45	46	47	48	49	50	51
FC Barcelona	1	2	4	3	4	■	■	■	4	■	3	■	1	2	4	1	1	■	■	4
Real Madrid	2	■	■	1	1	2	2	2	4	■	2	■	■	2	4	■	■	3	4	■

Saison	51	52	53	54	55	56	57	58	59	60	61	62	63	64	65	66	67	68	69	70
FC Barcelona	4	1	1	2	2	2	3	3	1	1	4	2	■	2	■	3	2	2	3	4
Real Madrid	■	3	3	1	1	3	1	1	2	2	1	1	1	1	1	2	1	1	1	■

Saison	71	72	73	74	75	76	77	78	79	80	81	82	83	84	85	86	87	88	89	90
FC Barcelona	2	3	2	1	3	2	2	2	■	4	■	2	4	3	1	2	2	■	2	3
Real Madrid	4	1	4	■	1	1	■	1	1	1	2	3	2	2	■	1	1	1	1	1

Saison	91	92	93	94	95	96	97	98	99	00	01	02	03	04	05	06	07	08	09	10
FC Barcelona	1	1	1	1	4	3	2	1	1	2	4	4	■	2	1	1	2	3	1	1
Real Madrid	3	2	2	4	1	■	1	3	2	■	1	3	1	4	2	2	1	1	2	2

Nur in dem Kriegsjahr 1944 waren *beide* Vereine nicht unter den besten 4 und seit 1952 ist es die Ausnahme, dass *nicht* beide Vereine einen Platz unter den ersten 4 erreichen. Wenn zwei Mannschaften praktisch immer unter den ersten 4 sind, dann muss dies Konsequenzen für den Überraschungsindex haben, weil dann nur noch zwei Plätze frei bleiben. Der Überraschungsindex für die oberste spanische Spielklasse ist zunächst durch vergleichsweise niedrige Werte geprägt: Das wird deutlicher, wenn man die numerischen Werte verschiedener Ligen miteinander vergleicht. In England haben 9% aller Spielzeiten einen Überraschungsindex von weniger als 50, aber 71% aller Spielzeiten einen Überraschungsindex, der größer oder gleich 200 ist. In Spanien haben 31% aller Spielzeiten einen Überraschungsindex von kleiner 50, aber nur 7% aller Spielzeiten haben einen Überraschungsindex von 200 oder mehr.

Diagramm 16:
Oberste spanische Liga: 1929 bis 2009, Abweichung des tatsächlichen Tabellenplatzes von dem 10jährigen Mittel.
Betrachtet werden jeweils die ersten 4 Tabellenplätze

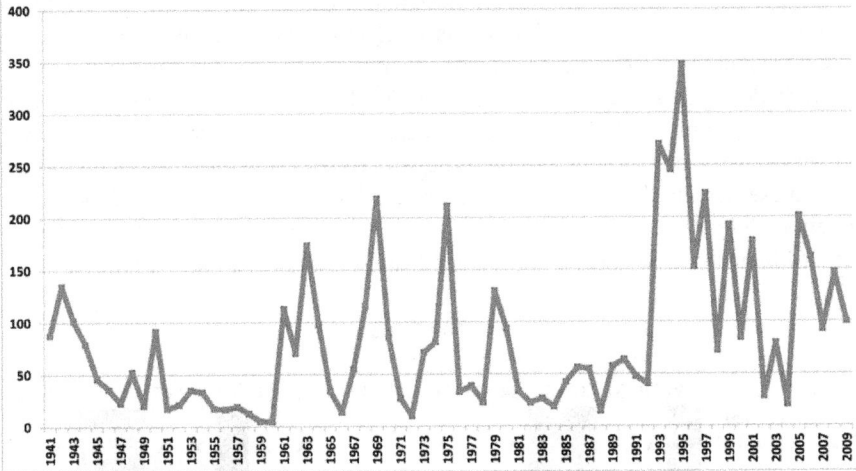

Die Unterschiede zwischen England und Spanien, werden durch eine Reskalierung des Diagramms auf englische Verhältnisse sofort deutlich. Wir werden uns

Diagramm 17:
Oberste spanische Liga: 1929 bis 2009, Abweichung des tatsächlichen Tabellenplatzes von dem 10jährigen Mittel.
Betrachtet werden jeweils die ersten 4 Tabellenplätze. Das Diagramm wurde auf einen Maximalwert von 900 reskaliert.

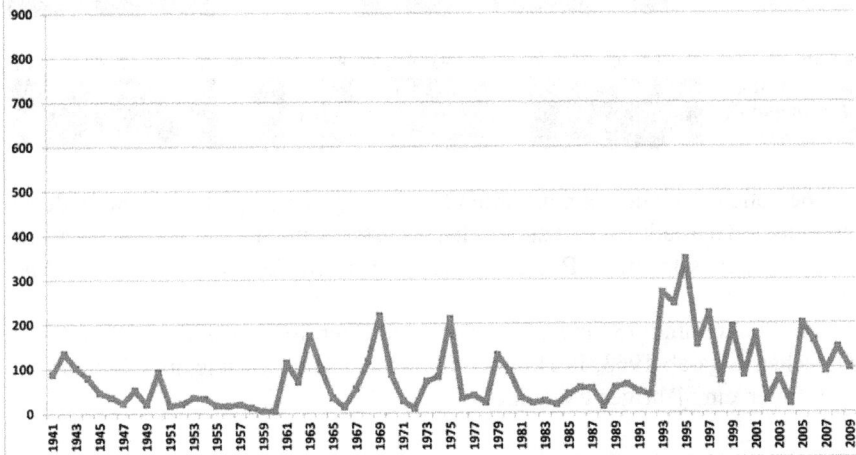

mit den Unterschieden zwischen den verschiedenen Ligen später in Kapitel 7beschäftigen. Nur eines wird aus den Daten bereits jetzt deutlich. Spanien ist eine von zwei Vereinen dauerhaft beherrschte Liga, die beide ein Abonnement auf eine Beteiligung an der Champions League haben. Wie Real Madrid zeigt, ist eine dauerhafte Beteiligung verbunden mit immensen Investitionen in den Spielerkader noch keine Garantie für europäische Erfolge, aber immerhin reicht es, um das Duopol zu festigen. Die Bundesliga entspräche der spanischen Liga, wenn sie zwei Vereine vom Kaliber eines FC Bayern München hätte. Wie überlegen diese beiden Vereine sind, zeigt sich auch durch einen Blick auf die Jahre, wo ein anderer Verein besser als Real Madrid und der FC Barcelona war, was ja darauf hinausläuft, dass keine der beiden Mannschaften Meister wurde:

Tabelle 21

Saison	29	30	31	32	33	34	35	36	40	41	42	43	44	45	46	47	48	49	50	51
Besser als Real Madrid und FC Barcelona?		x	x			x	x	x	x	x	x	x	x		x	x			x	x

Saison	51	52	53	54	55	56	57	58	59	60	61	62	63	64	65	66	67	68	69	70
Besser als Real Madrid und FC Barcelona?	x						x										x			x

Saison	71	72	73	74	75	76	77	78	79	80	81	82	83	84	85	86	87	88	89	90
Besser als Real Madrid und FC Barcelona?	x		x				x					x	x	x	x					

Saison	91	92	93	94	95	96	97	98	99	00	01	02	03	04	05	06	07	08	09	10
Besser als Real Madrid und FC Barcelona?						x				x		x		x						

Die hellen mit einem x markierten Felder zeigen die Spielzeiten an, in denen Barcelona oder Madrid *nicht* spanischer Meister wurden. Wie man an dem fast durchgängigen schwarzen Balken sieht, ist das seit den 50er Jahren die Ausnahme.

Die Diagramme 18 und 19 zeigen den Überraschungsindex der obersten spanischen Liga ab 1963, in Diagramm 19 betrachten wir wie auch bei den anderen Ligen ein 5jähriges gleitendes Mittel.

Diagramm 18:
Oberste spanische Liga: 1963 bis 2009, Abweichung des tatsächlichen Tabellenplatzes von dem 10jährigen Mittel.
Betrachtet werden jeweils die ersten 4 Tabellenplätze

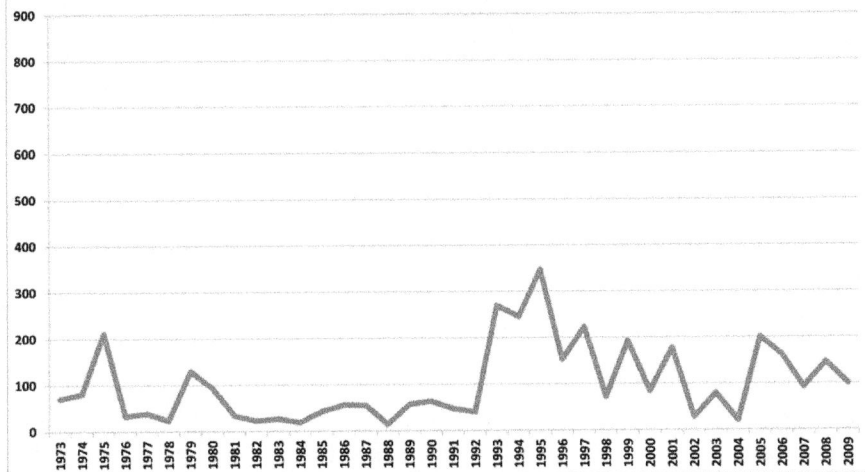

Beide Diagramme zeigen einen im Vergleich zum deutschen und englischen Fußball sehr niedrigen Überraschungsindex, was angesichts der Dominanz zweier Mannschaften nicht verwundert. Da der FC Barcelona und Real Madrid praktisch immer unter den 4 besten Mannschaften sind, und entsprechend gute

72

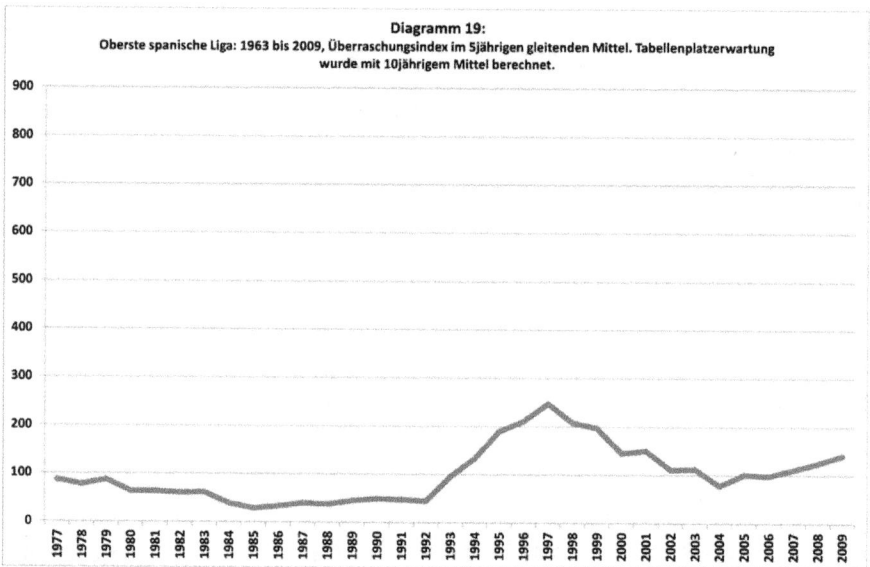

Diagramm 19:
Oberste spanische Liga: 1963 bis 2009, Überraschungsindex im 5jährigen gleitenden Mittel. Tabellenplatzerwartung wurde mit 10jährigem Mittel berechnet.

Tabellenerwartungswerte haben, sind deren Beitrag zum Überraschungsindex gering. Schafft es eine Mannschaft, die auf dem 12ten Platz erwartet wird, auf den 3ten Platz, dann liefert dies einen Beitrag zum Überraschungsindex gleich $(12 - 3)2 = 81$, so dass der für die Liga typische Wert von ca. 100 wahrscheinlich bereits überschritten wird.

Diagramm 20:
Ohne die beiden besten Vereine FC Barcelona und Real Madrid: Wie lange dauert es, bis ein Verein wieder einen
Platz unter den ersten 4 erreicht? Berechnet wird das 15jährige gleitende Mittel.

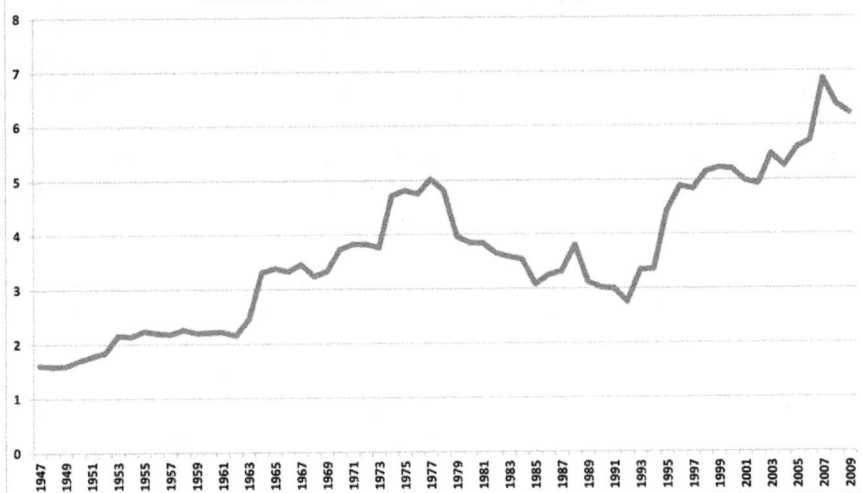

Da die oberste spanische Liga auch wegen der Dominanz zweier Vereine sehr monoton verläuft, ist die Suche nach einer Veränderung in dieser Liga nicht einfach. Es bietet sich an, einen Blick auf diese Liga zu werfen, bei dem die beiden dominierenden Vereine nicht berücksichtigt werden. Wir haben dazu für die restlichen Vereine ausgerechnet, wie groß der Abstand zwischen zwei Tabellenplätzen unter den ersten 4 ist. Betrachtet werden demnach nur Vereine, die es zumindest zweimal unter die ersten 4 geschafft haben. Aus der Betrachtung fallen demnach die schwächeren Vereine raus, die es höchstens einmal unter die ersten 4 geschafft haben, aber auch die Dauergäste FC Barcelona und Real Madrid wurden nicht berücksichtigt. Dann wurde für jedes Jahr der Mittelwert berechnet. 1951 gab es 4 Vereine in der Primera División, die erneut einen Platz unter den ersten 4 erreicht haben. Der FC Barcelona wurde nicht berücksichtigt, so dass 3 Vereine bleiben. Die Zahl der Vereine, die es wieder unter die besten 4 schaffen, ist in einer Saison i.a. klein, so dass es angemessen ist, Zufallsschwankungen durch ein gleitendes Mittel über einen längeren Zeitraum auszugleichen. Solche Schwankungen entstehen durch die manchmal extrem langen Zeiträume zwischen zwei Plätzen unter den ersten 4. So gibt es einen Verein - Real Sociedad - der dies nach 40 Spielzeiten schafft. Derartige Ausreißer fängt man statistisch durch gleitende Mittel ein. Das Diagramm 20 zeigt den zeitlichen Verlauf und belegt, dass selbst in einer monotonen Liga noch Raum für eine Zunahme der Monotonie ist. Die Vereine ohne das Duopol Barcelona und Madrid brauchen länger, um erneut einen Platz unter den ersten 4 zu erreichen. Nun sind aber dies die Vereine, die auf Dauer eine Konkurrenz für den FC Barcelona und Real Madrid sein könnten. Wer die Dominanz dieser beiden ernsthaft gefährden will, muss sich unter den ersten 4 dauerhaft etablieren und in europäischen Wettbewerben Geld verdienen können. So sind die Schlussfolgerungen aus Diagramm 20 zwiespältig: Im langjährigen Mittel betrachtet nimmt die Konkurrenz unter den beiden freien Plätzen unter den ersten 4 zu, was ja eine Zunahme der Variabilität impliziert. Andererseits wird es für die Vereine schwieriger, eine hohe Spielstärke dauerhaft zu gewährleisten.

Durch die andauernde Dominanz zweier Vereine hat die oberste spanische Liga den erwartet kleinen Überraschungsindex, so dass sich Variabilität auf den ersten vier Plätzen nur durch Vereine ergeben kann, die sich in der Liga nach oben arbeiten. Insgesamt weist die Primera División von Anbeginn an einen sehr niedrigen Index mit bescheidenen lokalen Maxima ohne systematische Tendenz auf. Ein Ende der Herrschaft der beiden Toreros ist nicht abzusehen.

6. Aufsteiger

Wenn Vereine aus der zweiten Bundesliga in die erste Bundesliga aufsteigen, dann wird dieser Aufstieg üblicherweise von einer ausgelassenen Feier begleitet. Nicht selten werden Plakate hochgehalten und Lieder angestimmt, deren Botschaft *nie mehr zweite Liga* ist. Man sollte den Gehalt dieser Botschaft nicht auf die semantische Feinwaage legen, weil es gute Gründe gibt, den möglichen Abstieg als das wahrscheinliche Ereignisvor Augen zu haben. Dafür spricht vor allem ein ökonomisches Argument: Nach einer Meldung aus dem Juli 2011 hat die gesamte zweite Liga rund 3 Millionen in neue Spieler für die anstehende Saison investiert (ntv 2012). Das ist wenig im Vergleich zu den durchschnittlichen Investitionen der Spitzenclubs, die häufig für einen einzigen Spieler weit mehr als Transfer überweisen. Die Aufsteiger können deshalb realistisch nur darauf hoffen, mit Vereinen aus dem unteren Leistungsbereich der Bundesliga erfolgreich um den Klassenerhalt zu konkurrieren. Auch können sie heute nicht mehr davon ausgehen, durch junge Talente den Durchstieg zur Spitze zu schaffen. Bei dem Grad an Professionalisierung sind diese Talente längst den Spähern aufgefallen und können von finanzstarken Vereinen abgeworben werden. Die Zeiten, in denen ein FC Bayern München mit den Ausnahmetalenten Beckenbauer und Müller nach dem Aufstieg die Liga dominieren konnten, scheinen vorbei zu sein. Heute würde ein Aufsteiger solche Talente an einen der Großen abgeben müssen. Die Karriere von Bayern München wäre nach 2000 nicht mehr möglich gewesen.

Betrachtet man nur aktuelle (2009) noch nicht abgestiegene Vereine, die keine Gründungsmitglieder der Bundesliga sind und zumindest 6 Mal hintereinander ohne Unterbrechung der ersten Liga angehört haben, dann ist dies eine überschaubare Zahl: Das sind der FC Bayern München (45 Mal hintereinander in der Liga), Bayer Leverkusen (31 Mal hintereinander in der Liga) und der VfL Wolfsburg (13 Mal hintereinander in der Liga). Man kann diesen Sachverhalt vielleicht besser so beschreiben: Neben dem Ausnahmeverein Bayern München haben es nur die beiden Werksclubs aus Leverkusen und Wolfsburg als nicht Gründungsmitglieder der Liga geschafft aufzusteigen und bis 2009 in der Liga zu verbleiben. Selbst wenn man nur eine zumindest zweijährige Verweildauer fordert, kommt als einziger Verein 1899 Hoffenheim dazu, aber auch dies ist ein Club, der seine Erfolge auch dem Mäzen Hopp verdankt.

Natürlich gibt es neben Bayern München, Bayer Leverkusen und dem VFL Wolfsburg auch Aufsteiger, die die Liga geprägt haben und heute noch prägen. Aber das sind entweder Gründungsmitglieder mit zwischenzeitlichem Abstieg und Wiederaufstieg, wie Borussia Dortmund, Werder Bremen oder der VfB Stuttgart oder echte die Bundesliga für etwa ein Jahrzehnt prägende Aufsteiger wie Borussia Mönchengladbach, die dann freilich wieder in die zweite Liga absteigen musste. Solche Mannschaften bezeichnen wir auch als echte Aufsteiger, weil sie wie alle echten Aufsteiger sich aus unteren Ligen in die oberste Liga vorgearbeitet haben. Davon unterscheiden wir unechte Aufsteiger: *Unecht*, weil sie zu den Gründungsmitgliedern der Liga gehörten und sich nach einem Abstieg wieder nach ganz oben gespielt haben. Da von den Gründungsmitgliedern der Liga nur der Hamburger SV bislang nicht abgestiegen ist, können wir mehr leistungsstarke unechte Aufsteiger als echte Aufsteiger erwarten. Die Schlusstabelle der Spielzeit 2009/10 gibt **fett** die noch nie abgestiegenen

Tabelle 22

2009	1963?	Spiel-zeiten	2009	1963?	Spiel-zeiten
FC Bayern München	NEIN	45	Eintracht Frankfurt	JA	42
FC Schalke 04	JA	42	**1899 Hoffenheim**	NEIN	2
SV Werder Bremen	JA	46	Borussia Mönchengladbach	NEIN	42
Bayer Leverkusen	NEIN	31	1. FC Köln	JA	41
Borussia Dortmund	JA	43	SC Freiburg	NEIN	11
VfB Stuttgart	JA	45	Hannover 96	NEIN	22
Hamburger SV	JA	47	1. FC Nürnberg	JA	28
VfL Wolfsburg	NEIN	13	VfL Bochum	NEIN	34
1. FSV Mainz 05	NEIN	4	Hertha BSC Berlin	JA	29

Vereine an und in der Spalte **1963?**, ob der Verein ein Gründungsmitglied der Bundesliga ist. Die zumindest einmal abgestiegenen Gründungsmitglieder Schalke, Bremen, Dortmund und Stuttgart belegen zusammen mit den noch nie abgestiegenen Aufsteigern Bayern München und Bayer Leverkusen die vorderen Plätze. Die Spalte **#Spielzeiten** gibt die Zahl der Beteiligungen in der Liga an. Auf den ersten 8 Plätzen stehen Vereine mit einer großen Bundesligaerfahrung, wobei nur der VfL Wolfsburg etwas abfällt, was freilich durch seinen späten Aufstieg zu erklären ist. Bis auf Schalke und Leverkusen war jeder der ersten 8 zumindest einmal Meister.

Dies deutet auf die schwierige Aufgabe der Aufsteiger hin: Aufsteiger ohne ein starkes finanzielles Umfeld haben kaum Möglichkeiten sich nach dem Aufstieg in die oberste Spielklasse durch die Verpflichtung erfahrener Spieler für einen Verbleib in der ersten Liga zu verstärken und es droht immer eine Abwerbung ihrer Talente durch finanziell stärkere Mannschaften. So gesehen ist der baldige Abstieg eines Aufsteigers eher wahrscheinlich. Demnach erwarten wir auf den hinteren Tabellenplätzen eher Vereine mit einer insgesamt kurzen Verweildauer in der Liga. Die folgenden vier Grafiken kontrastieren die durchschnittliche Verweildauer der Vereine auf den letzten 4 Plätzen der Liga mit der durchschnittlichen Verweildauer auf den ersten 4 Plätzen der Liga. Um die 4 großen europäischen Ligen miteinander vergleichen zu können, werden die Spielzeiten 1963 - 2009 betrachtet.

Diagramm 21:
Bundesliga 1963 bis 2009: Zusammenhang zwischen Zahl der Spielzeiten (x-Achse) und der durchschnittlichen Ligazugehörigkeit der Vereine auf den letzten 4 Tabellenplätzen (y-Achse). Die Gerade gibt das theoretische Maximum an

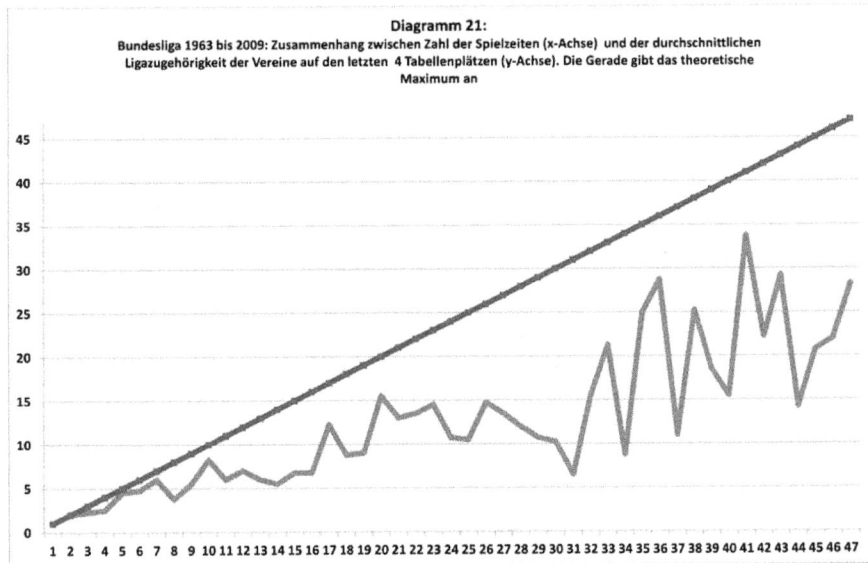

Zur Erläuterung von Diagramm 21: Auf der x-Achse sind die Spielzeiten abgetragen. Da wir 1963 mit dem Start der Bundesliga beginnen, entspricht die Spielzeit 1 dem Jahr 1963, die Spielzeit 2 dem Jahr 1964 und die Spielzeit 47 dem Jahr 2009. Die letzten 4 Vereine der ersten Spielzeit der Bundesliga sind - wie alle anderen Vereine der ersten Spielzeit - ein Jahr in der Liga. Auf der y-Achse stehen die durchschnittlichen Verweildauern der jeweils besten 4 Vereine in der Saison. Dabei bedeutet *Verweildauer* die Summe aller bisherigen Beteiligungen eines Vereins in der Liga, d. h. insbesondere, dass die Verweildauer durch Abstiege unterbrochen sein kann. In einer Liga ohne Abstieg hätten alle Vereine immer die gleiche Verweildauer. Dieses theoretische Maximum wird durch die obere Gerade dargestellt. Da diese Kurve ein theoretisches Maximum darstellt, liegen die realen Daten entweder auf der Kurve oder unterhalb. Bis Spielzeit 7 liegt die durchschnittliche Ligapräsenz der jeweils letzten 4 Vereine in der Nähe des theoretischen Maximums, während danach die durchschnittliche

Präsenz der jeweils letzten 4 Vereine mit deutlich zunehmender Variabilität einen Anstieg weit unter dem theoretischen Maximum hat. Mit zunehmendem Alter einer Liga finden sich auf den hinteren Plätzen Vereine mit einer eher kurzen Verweildauer in der Liga.

Diagramm 22 zeigt die durchschnittliche Verweildauer der jeweils ersten 4 Vereine. Diese Kurve liegt relativ dicht bei dem theoretischen Maximum: Auf

Diagramm 22:
Bundesliga 1963 bis 2009: Zusammenhang zwischen Zahl der Spielzeiten (x-Achse) und der durchschnittlichen Ligazugehörigkeit der Vereine auf den ersten 4 Tabellenplätzen (y-Achse). Die Gerade gibt das theoretische Maximum an

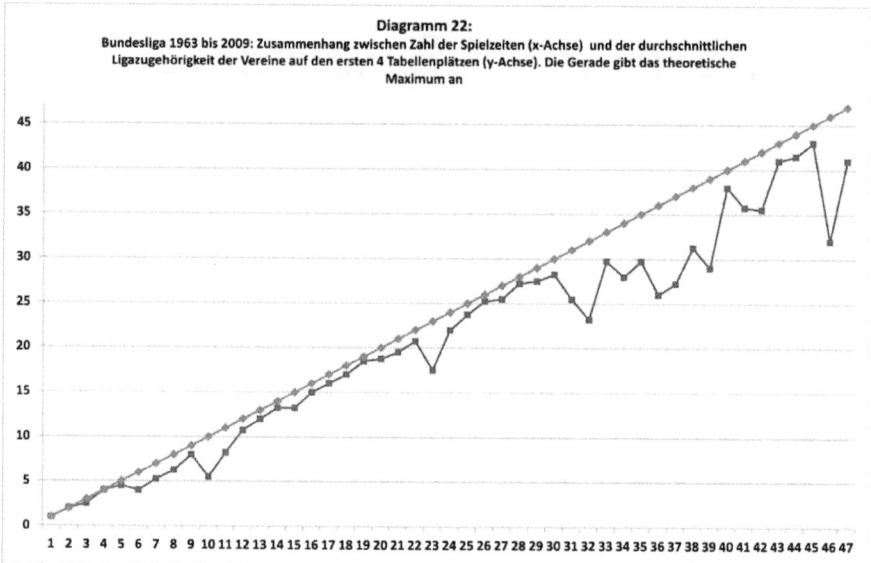

den ersten 4 Tabellenplätzen am Ende einer Spielzeit findet man praktisch nur Vereine, die insgesamt eine hohe Verweildauer in der Liga haben. Der relativ kleine Wert in der 46ten Saison - Spielzeit 2008/09 - wird durch einen Platz von Wolfsburg unter den ersten 4 erklärt. Wolfsburg wurde nach einer Verweildauer von 12 Jahren Meister und dies ist für die späte Phase der Bundesliga ein kleiner Wert. Kleinere Werte findet man trivialerweise in den ersten Jahren der Bundesliga - die ersten 4 der ersten Saison können nur ein Jahr in der Liga gewesen sein - und bei Bayern München und Borussia Mönchengladbach. Die Bayern schafften ihre erste Meisterschaft nach einer Verweildauer von 4 Jahren, Mönchengladbach benötigte ein Jahr mehr. Seit 1980 konnte außer dem VfL Wolfsburg kein Verein deutscher Meister mit einer Verweildauer von weniger als 15 Jahren werden. In einer reifen Liga scheint der schnelle Weg nach ganz oben versperrt zu sein.

Die Diagramme 23 bis 28 zeigen nun die Verläufe für die oberste englische, italienische und spanische Liga.

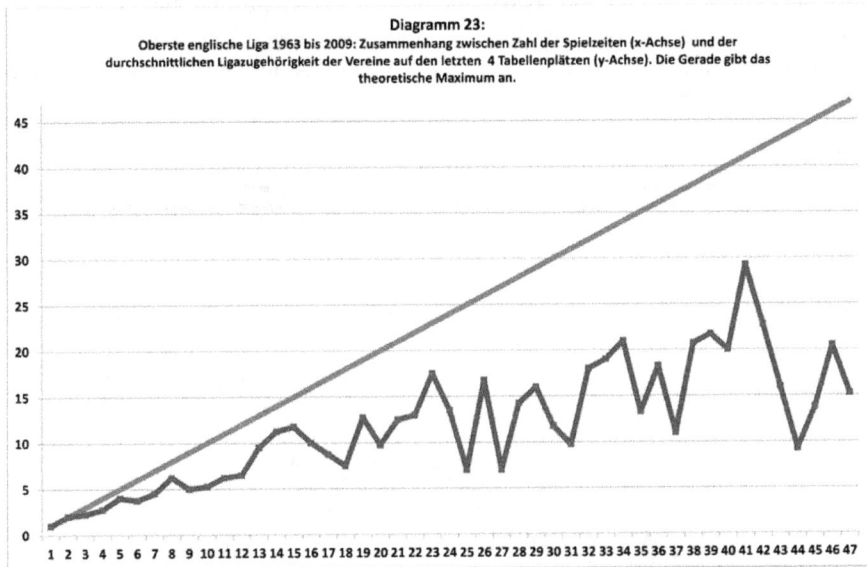

Diagramm 23:
Oberste englische Liga 1963 bis 2009: Zusammenhang zwischen Zahl der Spielzeiten (x-Achse) und der durchschnittlichen Ligazugehörigkeit der Vereine auf den letzten 4 Tabellenplätzen (y-Achse). Die Gerade gibt das theoretische Maximum an.

Für die oberste englische Liga zeigt sich das von der Bundesliga bekannte Muster noch deutlicher: Der Mittelwert der Verweildauern der Vereine auf den letzten 4 Tabellenplätzen nimmt mit zunehmendem Alter der Liga kaum zu. Wir finden auf den hintersten 4 Plätzen weitgehend Vereine mit vergleichsweise kurzer Ligaverweildauer.

Diagramm 24 zeigt die komplementären Zusammenhänge für die ersten 4 Plätze der obersten englischen Liga. Von einer kurzen Phase um 1993 abgesehen, liegt die Kurve der Mittelwerte der Verweildauern der jeweils 4 besten Vereine pro Saison dicht am theoretischen Maximum. Am Ende stehen demnach nur Vereine auf einem der ersten 4 Plätze, die nahezu andauernd am Spielbetrieb beteiligt waren. Die Abweichung vom theoretischen Maximum ist durch die Erfolge der Blackburn Rovers erklärbar. Der Verein erreichte 1992 den 4ten, 1993 den 2ten Platz und wurde 1994 sogar Meister. Da Blackburn 1992 erst 4 Spielzeiten in der obersten englischen Liga war[26], ergibt sich für diese Jahre ein rela-

---

26   Ab 1963 gerechnet. Wir haben diese Saison als Start gewählt, um eine bessere Vergleichbarkeit mit der Bundesliga zu gewährleisten. Betrachtet man die oberste englische Spielklasse seit ihrer Gründung, dann haben die Blackburn Rovers eine wesentlich län-

tiv kleines arithmetisches Mittel der Verweildauer der ersten 4 Vereine. Für die letzten 13 Spielzeiten verläuft die Kurve der Mittelwerte fast parallel zum theoretischen Maximum. Wie wir bereits an anderer Stelle gezeigt haben, geht dies auf die Dominanz von wenigen Vereinen mit einer langen Verweildauer zurück. In den letzten Jahren haben die folgenden Vereine fast immer die ersten 4 Plätze unter sich ausgemacht:

Diagramm 24:
Oberste englische Liga 1963 bis 2009: Zusammenhang zwischen Zahl der Spielzeiten (x-Achse) und der durchschnittlichen Ligazugehörigkeit der Vereine auf den ersten 4 Tabellenplätzen (y-Achse). Die Gerade gibt das theoretische Maximum an.

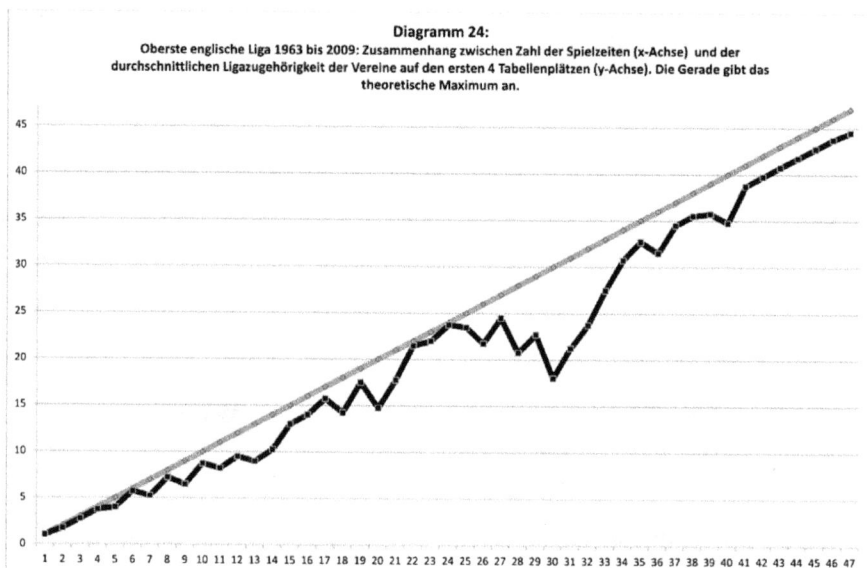

gere Verweildauer: So waren sie bis einschließlich der Saison 1935/36 44 Mal hintereinander in der Liga.

Tabelle 23

Jahr Spielzeit ab 1963	2004 42te Spielzeit	2005 43te Spielzeit	2006 44te Spielzeit
Platz 1 Spielzeiten	FC Chelsea 34	FC Chelsea 35	Manchester United 43
Platz 2 Spielzeiten	FC Arsenal 42	Manchester United 42	FC Chelsea 36
Platz 3 Spielzeiten	Manchester United 41	FC Liverpool 43	FC Liverpool 44
Platz 4 Spielzeiten	FC Everton 42	FC Arsenal 43	FC Arsenal 44

Jahr Spielzeit ab 1963	2007 45te Spielzeit	2008 46te Spielzeit	2009 47te Spielzeit
Platz 1 Spielzeiten	Manchester United 44	Manchester United 45	FC Chelsea 39
Platz 2 Spielzeiten	FC Chelsea 37	FC Liverpool 46	Manchester United 46
Platz 3 Spielzeiten	FC Arsenal 45	FC Chelsea 38	FC Arsenal 47
Platz 4 Spielzeiten	FC Liverpool 45	FC Arsenal 46	Tottenham Hotspur 46

Von 2004 bis 2009 - 42te bis 47te Spielzeit - haben sich die ersten 4 Plätze die 6 Vereine FC Arsenal, FC Chelsea, FC Everton, Manchester United, FC Liverpool und Tottenham Hotspur geteilt, wobei der FC Arsenal, der FC Everton und der FC Liverpool jeweils das theoretische Maximum an Spielzeiten erreichen. Manchester United und Tottenham Hotspur haben eine Spielzeit weniger und der FC Chelsea ist in diesem Feld mit 8 Spielzeiten unter dem theoretischen Maximum der jüngste Verein.

Für Italien erhalten wir ähnliche Diagramme. Zunächst die durchschnittliche Ligazugehörigkeit der jeweils 4 Tabellenletzten im zeitlichen Verlauf.

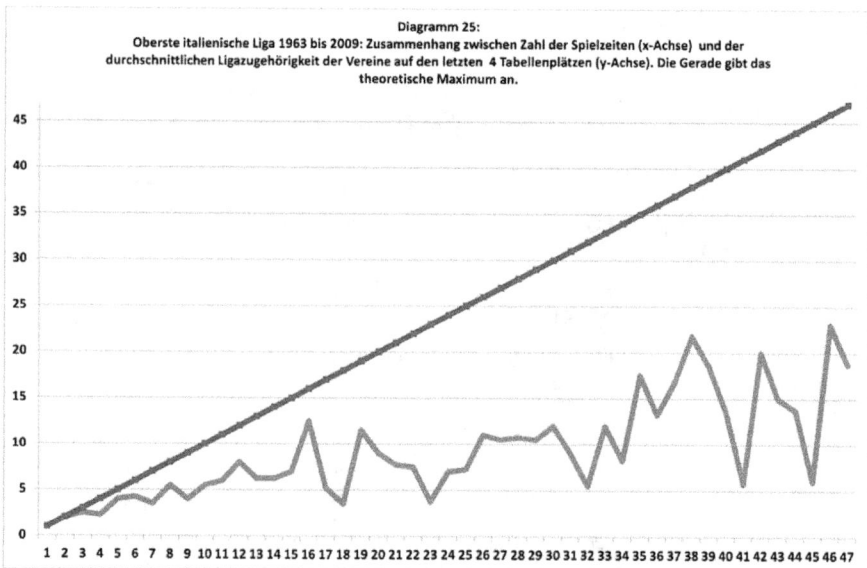

Diagramm 25:
Oberste italienische Liga 1963 bis 2009: Zusammenhang zwischen Zahl der Spielzeiten (x-Achse) und der durchschnittlichen Ligazugehörigkeit der Vereine auf den letzten 4 Tabellenplätzen (y-Achse). Die Gerade gibt das theoretische Maximum an.

Typisch ist wieder der fast parallele Verlauf zur x-Achse mit zunehmender Variabilität. Dies bedeutet die durchschnittliche Ligazugehörigkeit der 4 jeweils Tabellenletzten nimmt kaum zu, aber wir finden Spielzeiten, wo die letzten 4 eine Ligazugehörigkeit von durchschnittlich 23 Jahren haben, wir finden aber auch Spielzeiten mit durchschnittlichen Ligazugehörigkeiten von 5 Jahren. Bei der Interpretation sollte man die durch die Skandalanfälligkeit der Liga nachträglichen Eingriffe des Verbandes in die Platzierung berücksichtigen. Die Ähnlichkeit des Kurvenverlaufs zur deutschen und englischen Liga schließt eine diesbezügliche alleinige Erklärung aus.

Bei den ersten 4 Tabellenplätzen sehen wir in Diagramm 26 eine weitgehende Parallelität der durchschnittlichen Verweildauer der Vereine auf den jeweils ersten 4 Tabellenplätzen mit dem theoretischen Maximum. Auch hier ist zu beachten, dass theoretische Maxima nicht erreicht werden können, wenn dominierende Vereine wie der AC Mailand und Juventus Turin durch Zwangsabstiege die maximal theoretische Verweildauer versagt bleibt. Nur Inter Mailand und der AS Rom erreichen das theoretische Maximum an Spielzeiten, bei Juventus Turin fehlt eine Spielzeit bei dem AC Mailand fehlen zwei Spielzeiten. Trotz dieser statistisch geringfügigen italienischen Besonderheiten gilt auch hier die Regel: Einen Tabellenplatz unter den ersten 4 erreicht man typischerweise nur bei einer langen, dicht am theoretischen Maximum liegenden Ligazugehörigkeit.

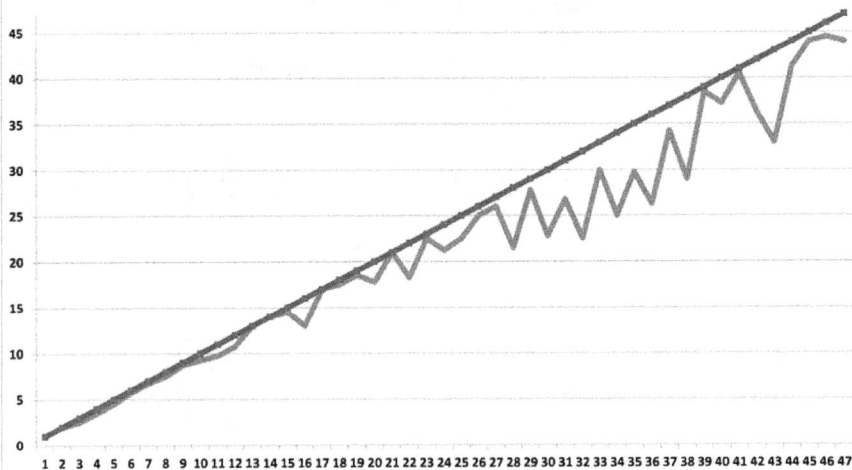

Diagramm 26:
Oberste italienische Liga 1963 bis 2009: Zusammenhang zwischen Zahl der Spielzeiten (x-Achse) und der durchschnittlichen Ligazugehörigkeit der Vereine auf den ersten 4 Tabellenplätzen (y-Achse). Die Gerade gibt das theoretische Maximum an.

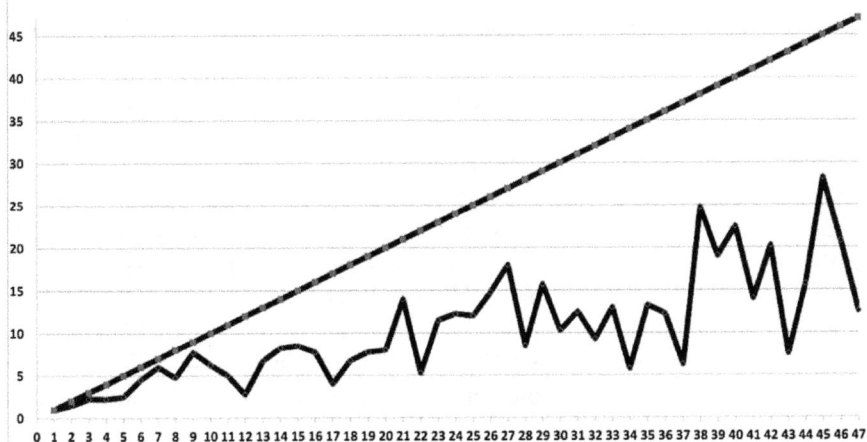

Diagramm 27:
Oberste spanische Liga 1963 bis 2009: Zusammenhang zwischen Zahl der Spielzeiten (x-Achse) und der durchschnittlichen Ligazugehörigkeit der Vereine auf den letzten 4 Tabellenplätzen (y-Achse). Die Gerade gibt das theoretische Maximum an.

Die oberste spanische Liga bestätigt die bekannten Muster. Zunächst betrachten wir die durchschnittliche Verweildauer der jeweils letzten 4 einer Spielzeit. Wiederum steigt die durchschnittliche Verweildauer kaum an, dagegen nimmt die Variabilität erheblich zu. Es gibt immerhin eine Spielzeit, wo die 4 Letzten eine durchschnittliche Verweildauer von ca. 28 Jahren haben, während wir auch immer wieder Spielzeiten mit einem Mittelwert von kaum über 5 Jahren finden.

Diagramm 28:
Oberste spanische Liga 1963 bis 2009: Zusammenhang zwischen Zahl der Spielzeiten (x-Achse) und der durchschnittlichen Ligazugehörigkeit der Vereine auf den ersten 4 Tabellenplätzen (y-Achse). Die Gerade gibt das theoretische Maximum an

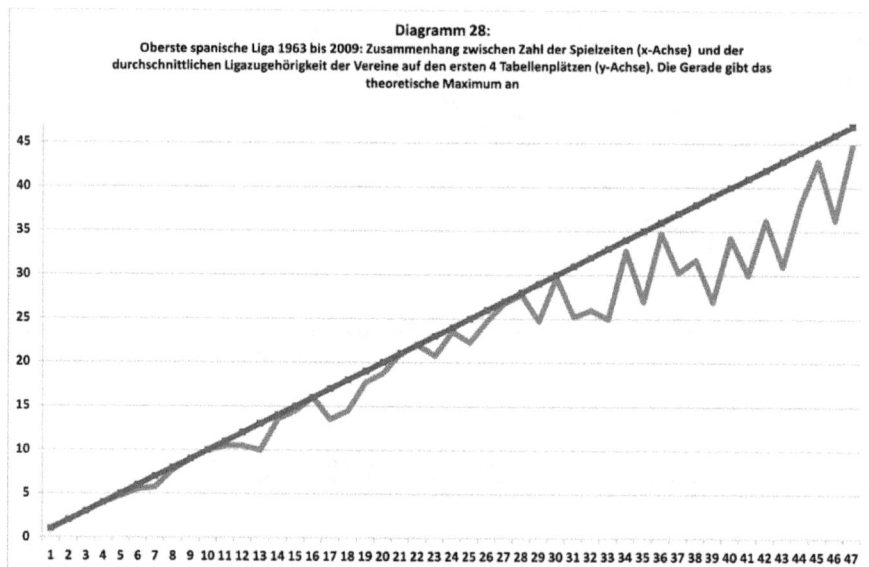

Bei den jeweils ersten 4 einer Spielzeit finden wir den typischen Verlauf in den anderen drei Ligen: Die Kurve schmiegt sich dem theoretischen Maximum an. Unter einem Aspekt ist doch recht deutliche Abweichung überraschend, denn mit dem FC Barcelona und Real Madrid sind zwei Vereine mit der maximalen Verweildauer unter den ersten 4 praktisch gesetzt. Die teilweise recht deutlichen Abweichungen vom theoretischen Maximum kommen zustande, weil es Vereine mit einer relativ kurzen Verweildauer unter die ersten 4 schaffen. Tabelle 24 verdeutlicht die Verhältnisse: Das sind Deportivo La Coruña, die in der insgesamt 38ten Spielzeit seit 1963 als Meister in der Saison 2000/2001 auf insgesamt nur 16 Spielzeiten kommen und auch in den folgenden Jahren häufig unter den ersten 4sind, Villareal taucht nach nur 6 Spielzeiten unter den ersten 4 auf, Mallorca und Osasuna ergänzen die Liste der Vereine unter den ersten 4 mit einer kurzen Verweildauer.

Tabelle 24

Jahr Spielzeit ab 1963	2000 38te	2001 39te	2002 40te	2003 41te
Platz 1 Spielzeiten	Dep. La Coruña 16			
Platz 2 Spielzeiten		Dep. La Coruña 17	Dep. La Coruña 18	
Platz 3 Spielzeiten		RCD Mallorca 13		Dep. La Coruña 19
Platz 4 Spielzeiten				

Jahr Spielzeit ab 1963	2004 42te	2005 43te	2006 44te	2007 45te	2008 46te	2009 47te
Platz 1 Spielzeiten						
Platz 2 Spielzeiten					FC Villarreal 9	
Platz 3 Spielzeiten	Dep. La Coruña 20	FC Villarreal 6				
Platz 4 Spielzeiten			CA Osasuna 21			

Zum Abschluss unserer Untersuchungen werfen wir einen Blick auf die Aufsteiger in die jeweils oberste Liga. Die Bundesliga wird heute von dem Aufsteiger Bayern München dominiert und in den 70er Jahren hatte Borussia Mönchengladbach eine ähnlich beherrschende Stellung. Längst nicht so erfolgreich waren und sind die Werksmannschaften Bayer Leverkusen und VfL Wolfsburg. Aber die Karrieren dieser Vereine sind nicht typisch für Aufsteiger. Typisch ist eher das praktische Dementi des traditionellen am Tag des Aufstiegs angestimmten Lieds *nie mehr zweite Liga*, denn nach kurzer Verweildauer in der ersten Liga folgt der Abstieg in die zweite Bundesliga.

Diagramm 29:
Bundesliga 1963 bis 2009: Durchschnittliche Verweildauer der Vereine nach Aufstieg im 5jährigen Mittel. Die Gründungsmitglieder werden wie Aufsteiger behandelt.

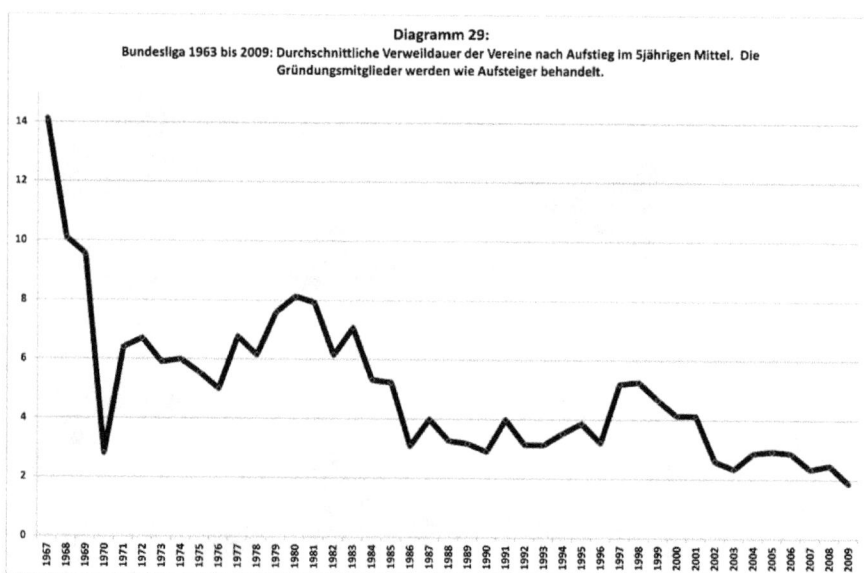

Diagramm 29 zeigt die Verweildauer in der Liga im 5jährigen gleitenden Mittel. Das Diagramm beginnt bei dem Gründungsjahr der Bundesliga. Die Gründungsmitglieder und die 1964 bis 1967 aufgestiegenen Vereine haben eine durchschnittliche Verweildauer in der Liga von gut 14 Jahren. Das ist eine erstaunliche hohe Zahl, die aber durch zwei Umstände verständlich wird. Bei der Auswahl der 16 Gründungsmitglieder hat man starke Vereine wie beispielsweise den Hamburger SV (47 Mal hintereinander in der Liga), 1.FC Köln (35), Eintracht Frankfurt (33) und den 1. FC Kaiserslautern (33) gewählt und 1965 kamen Bayern München (45) und Mönchengladbach (34) hinzu, was das arithmetische Mittel nach oben treibt. Danach geht es mit der durchschnittlichen Verweildauer der Aufsteiger steil nach unten und bereits für die Periode 1966 bis 1970 wird ein lokales Minimum von knapp drei Jahren Verweildauer erreicht. Im weiteren Verlauf geht die Kurve mit einer mäßigen Variabilität nach unten und pendelt sich seit Mitte der 80er Jahre bei einem Wert zwischen 2 und 5 ein. Mit Aufsteigern, die nach so kurzer Zeit wieder absteigen ist kein Staat zu machen. Normalerweise beginnt der Kampf gegen den Abstieg im Jahr des Aufstiegs und bei einem optimalen Verlauf kommt es zu einer Schnupperbeteiligung in der Europaliga, die selten über die erste Runde hinausgeht.

Wenn die finanziell attraktiven vorderen Plätze nur für die langjährigen Ligamitglieder erreichbar sind, dann impliziert dies eine Spirale nach unten, die wie in Diagramm 29 ersichtlich endet. Aufsteiger schaffen es nicht auf die finanziell attraktiven Plätze und wegen ihrer finanziell schlechteren Situation müssen sie bald wieder in die zweite Liga zurück, was ihre finanziellen Möglichkeiten weiter verschlechtert. Während in den 60er Jahren Aufsteiger mit hoffnungsvollen Talenten eine Chance auf eine Aufwärtsspirale hatten, wo durch den Erfolg weitere überragende Spieler angeworben werden konnten, scheint es diese Aufwärtsspirale seit Jahrzehnten nicht mehr zu geben. Es impliziert einiges über den Zustand der Liga, wenn nur Werksvereine (Leverkusen, Wolfsburg) als Aufsteiger dauerhaften Erfolg haben. Mit guten, vielleicht überragenden jungen Spielern aufzusteigen, um dann mit diesem sportlichen Kapital groß zu werden, ist heute nicht mehr möglich.

Ein Blick auf die Verhältnisse in der obersten englischen Spielklasse (Diagramm 30) zeigt, warum Aufsteiger durchaus eine Chance auf eine längere Verweildauer in der Liga haben können. In den 60er Jahren hatten Aufsteiger eine Erwartung auf eine 10jährige Verweildauer und erst in den 90er Jahren setzt eine Verkürzung der Verweildauer auf die aus der Bundesliga bekannte Spanne von 2 bis 4 Jahren ein. Diese Dynamik ist in Italien und Spanien nicht zu erkennen. Die Diagramme für Italien (31) und Spanien (32) zeigen Ligen, die bereits kurz nach der Gründung Aufsteigern nur eine geringe Chance bieten.

Diagramm 30:
Oberste englische Liga 1888 bis 2009: Durchschnittliche Verweildauer der Vereine nach Aufstieg im 5jährigen Mittel.
Die Gründungsmitglieder werden wie Aufsteiger behandelt.

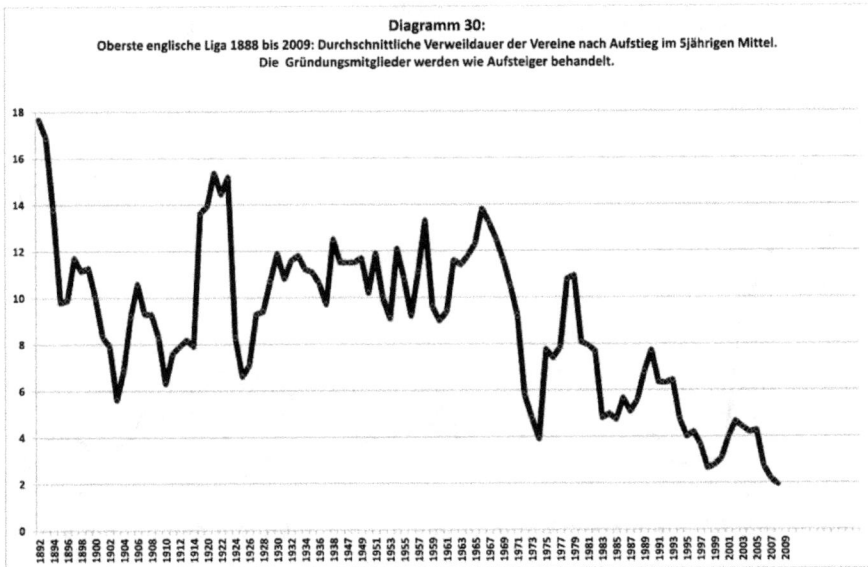

Diagramm 31:
Oberste italienische Liga 1929 bis 2009: Durchschnittliche Verweildauer der Vereine nach Aufstieg im 5jährigen Mittel. Die Gründungsmitglieder werden wie Aufsteiger behandelt.

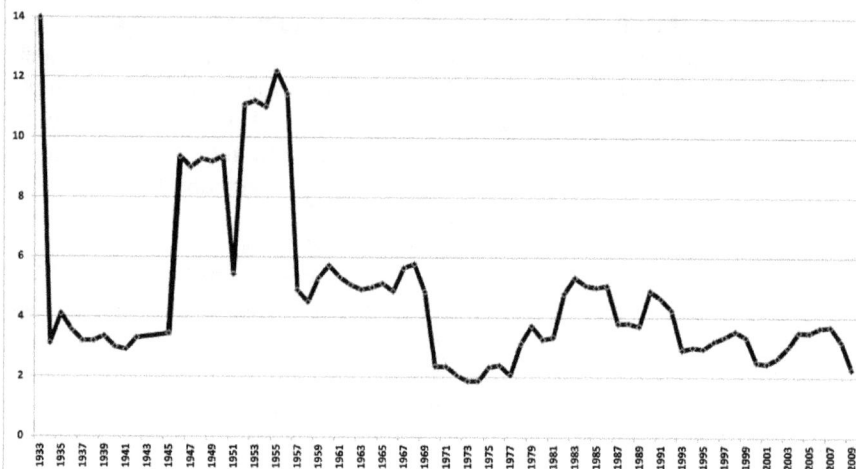

Diagramm 32:
Oberste spanische Liga1929 bis 2009: Durchschnittliche Verweildauer der Vereine nach Aufstieg im 5jährigen Mittel. Die Gründungsmitglieder werden wie Aufsteiger behandelt.

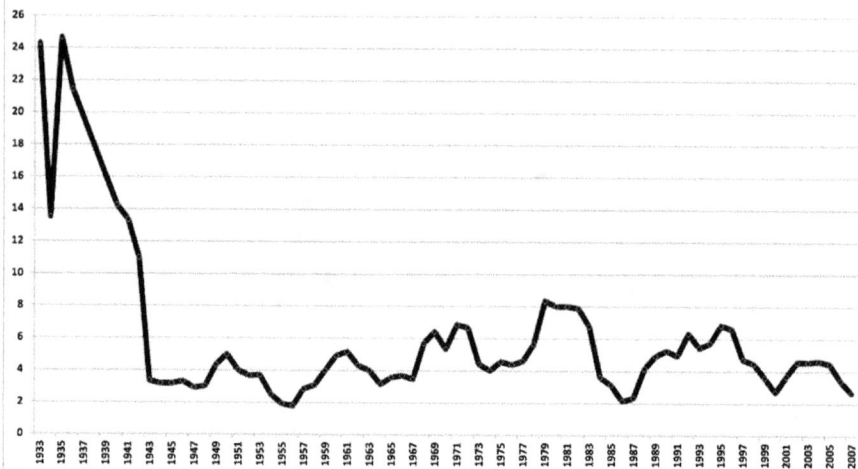

Besonders Spanien reduziert die durchschnittliche Verweildauer der Aufsteiger auf im Mittel kurze drei Jahre mit einer sehr geringen Variabilität. In Italien ist der Verlauf ähnlich, wenn auch nicht ganz so drastisch.

Die oberste englische, italienische und spanische Spielklasse sind deutlich älter als die Bundesliga, so dass die dort gefundenen Resultate die Befunde der Bundesliga bestätigen. Wir haben es längst nicht mehr mit einer homogenen obersten Spielklasse zu tun, sondern mit einer Spaltung in eine kleine Gruppe von Vereinen mit hoher Verweildauer und mit Chancen auf die lukrativen vorderen Plätze und Aufsteigern, die nur kurz in der obersten Spielklasse bleiben werden und kaum eine Chance auf eine lukrative Europapokalbeteiligung haben. Um sich als Aufsteiger auf den vorderen Tabellenplätzen festzusetzen, bedarf es einer massiven finanziellen Unterstützung etwa durch einen Mäzen. Zwar erinnern uns einige kurzzeitig erfolgreiche Vereine an die Schwierigkeit gültige Allaussagen über den Fußball zu finden, aber wenn die Metapher *der Ball ist rund* für die Überraschung im Fußball steht, dann hat der 12te Freund dafür gesorgt, dass der Ball viel von seiner zufallsgenerierenden Rundung verloren hat. Wenn man die Abschlusstabellen in den Blick nimmt und nicht auf die Sensationen schaut, die es im Verlauf einer Spielzeit immer wieder geben mag, dann ist der Fußball in den europäischen Spitzenligen ein überraschungsarmer Sport geworden.

7. Ein vergleichender Blick auf die NBA

In diesem Kapitel soll einerseits ein synoptischer erklärender Blick auf die bisherigen Untersuchungen geworfen werden, danach wollen wir die Frage aufgreifen, ob der Spitzenfußball einen Teil der Dynamik zurückgewinnen kann, der in den europäischen Spitzenligen verloren gegangen ist. Dazu werden wir den europäischen Spitzenfußball mit einer nordamerikanischen Basketball-Profiliga vergleichen, um zu sehen, ob wir die in Europa beobachteten Veränderungen auch in den USA feststellen können. Dieser Vergleich ist hilfreich, weil der Profisport in den USA anders organisiert ist als der europäische Fußball, so dass Unterschiede in der Dynamik amerikanischer und europäischer Profisportarten Hinweise auf Ursachen und Veränderungsmöglichkeiten geben können.

Diagramm 33 zeigt zusammenfassend den Überraschungsindex ab 1963 für die vier dominierenden europäischen Ligen, wobei die Tabellenplatzerwartungswerte im 10jährigen Mittel berechnet werden. Auffällig ist die Konvergenz des Überraschungsindex zum Ende des Betrachtungszeitraums. Während Italien und Spanien ein insgesamt niedriges Niveau über den gesamten Zeitraum aufweisen, zeigt England im Vergleich dazu eine geradezu überragende Dynamik, während die Bundesliga ihre höchste Dynamik in den 90er Jahren aufweist, um anschließend auf das niedrige Niveau der anderen Ligen zurückgehen.

Diagramm 33:
Deutschland, England, Italien und Spanien: 1963 bis 2009, Abweichung des tatsächlichen Tabellenplatzes von dem 10jährigen Mittel. Betrachtet werden jeweils die ersten 4 Tabellenplätze.

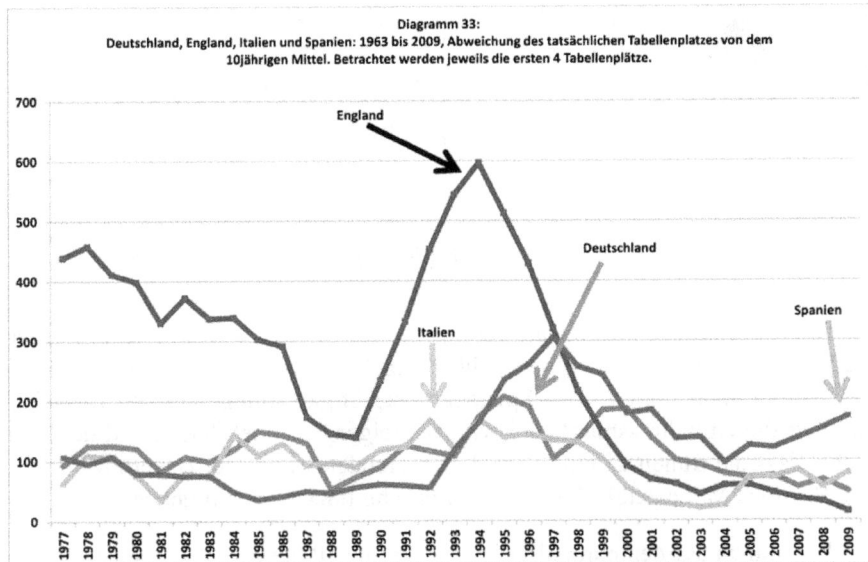

Das 10jährige Mittel bei der Berechnung des Tabellenplatzerwartungswertes hat Vorteile und Nachteile. Durch die Langfristigkeit der Mittelwertbildung werden kurzfristige Trends gleichsam weggemittelt, während langfristige Trends umso deutlicher werden. Wenn die Überraschung bei der Vergabe der ersten 4 Plätze gering ist, dann impliziert dies nicht zwingend die Präsenz der immer gleichen Vereine. Vorstellbar wäre, dass Aufsteiger sich langsam emporarbei-ten, so dass nach einiger Zeit ein Wechsel an der Spitze stattfindet. Dies ist aber nicht der Fall. Betrachten wir dazu das nächste Diagramm, das zeigt, wie lange Aufsteiger durchschnittlich in der jeweils obersten Liga verbleiben. Wegen der geringen Zahl der Aufsteiger wurden jeweils 5 Spielzeiten zusammengefasst und der Mittelwert der Verweildauer berechnet. Für die vier untersuchten euro-päischen Ligen führt dies zum folgenden Bild:

Diagramm 34:
Deutschland, England, Italien und Spanien: 1963 bis 2009, Verweildauer der Aufsteiger im 5jährigen Mittel

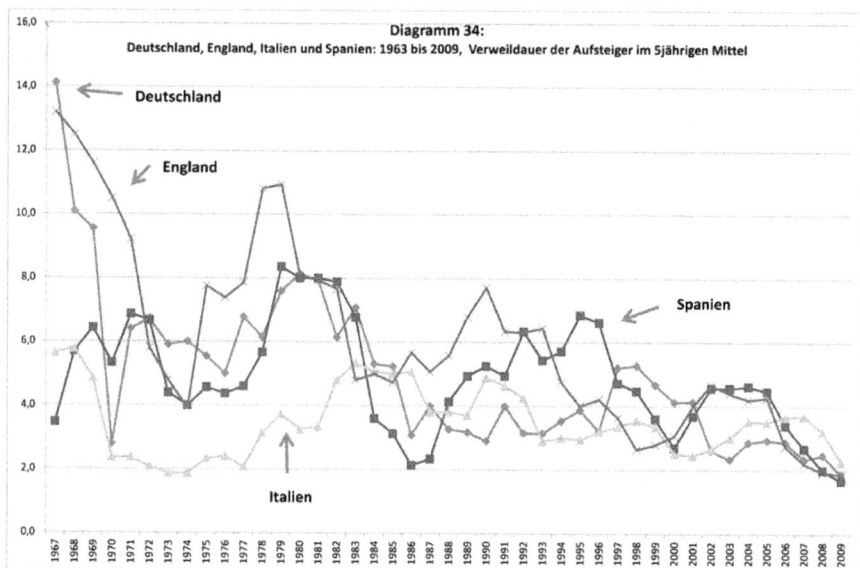

Die Überraschungsarmut an der Spitze hat ihr Pendant im Schicksal der Aufsteiger. Beginnen wir mit dem höchsten Wert, der deutschen Bundesliga. Der extrem hohe Wert von 14 Spielzeiten ergibt sich einmal aus der Tatsache, dass wir die Gründungsmitglieder wie Aufsteiger behandelt haben und der Tat-sache, dass die frühen und die Liga dominierenden Aufsteiger Bayern München und Borussia Mönchengladbach den Durchschnitt nach oben drücken.

Wenn man auf den europäischen Spitzenfußball bei den Vereinsmannschaf-ten schaut, dann fällt vor allem die Höhe der Transfersummen auf. 10 Millionen

Euro sind heutzutage nicht mehr erwähnenswert, 25 Millionenwerden häufig überschritten, und selbst 50 Millionen Euro sind keine utopische Summe mehr. Der bislang teuerste Transfer - C. Ronaldo von Manchester United zu Real Madrid - bleibt knapp unter der 100 Millionen Euro Grenze, aber gerüchteweise soll es ein Angebot von Manchester City für den gleichen Spieler gegeben haben, das die 100 Millionen Euro Grenze deutlich überschreitet. Ob die offiziell genannten Transfersummen realistisch sind oder durch versteckte Zahlungen noch überschritten werden, ist bei dem insgesamt recht intransparenten Spielertransfers nicht leicht zu beurteilen. Noch schwieriger fällt ein einigermaßen objektives Urteil über die tatsächlich gezahlten Gehälter, aber man darf davon ausgehen, dass sie bei teuersten Spielern der in der Champions League dominierenden Vereine immer im zweistelligen Millionen Euro Bereich liegen. Das lässt sich aus den bekannten Jahresgehältern der teuersten Spieler von Bayern München und der leicht begründbaren Annahme schlussfolgern, dass in England, Italien und Spanien nicht weniger gezahlt wird. Auf diese Weise hat sich ein exklusiver Klub von europäischen Spitzenmannschaften gebildet, der in jeweiligen nationalen Ligen dominiert und solange an dem Finanzierungsmodell nichts geändert wird, wird diese Dominanz bleiben.

Dass es auch anders geht, zeigt ein Blick auf nordamerikanische Profiligen. Wir wollen am Beispiel der NBA (National Basketball Association) untersuchen, wie sich die dortigen Regularien auf die Chancen der Vereine in der Liga auswirken. Nein, Basketball ist kein Fußball und schon gar nicht lassen sich die Profiligen USA (und teilweise Kanada) mit den nationalen und europäischen Spielbetrieben ohne weiteres vergleichen. Es gibt einige markante Unterschiede in der Organisation:

(1)   Die NBA kennt anders als der europäische Fußball keine Auf- und Abstiege.

(2)   Die NBA beruht nicht auf einem tief gestaffelten Ligasystem wie die europäischen Fußballligen.

(3)   In der NBA spielen 29 US-amerikanische Mannschaften und eine kanadische Mannschaft. In der NHL (Eishockey) ist das Verhältnis zwischen den USA und Kanada ausgewogener, aber immerhin ist auch die NBA eine internationale Liga und nicht wie eine europäische Fußballliga auf eine Nation begrenzt.

(4)   Demnach ist der Meister der NBA dem Sieger in der Champions League vergleichbar: Der NBA-Meister ist die beste nordamerikanische Basketballmannschaft und der Champions League Sieger ist die beste europäische Fußballmannschaft.

(5)   Genau genommen ist der Champions League Sieger die beste europäische Mannschaft der vorherigen Saison, weil ja die Besten der vorherigen Saison den Allerbesten ausspielen. In der NBA ist der Meister auch die beste Mannschaft der aktuellen Saison.

(6)   Die NBA spielt ihren Meister nach einem komplexen Modus aus: Die 30 Mannschaften der NBA sind in eine Westliga und eine Ostliga (Western, Eastern Conference) von je 15 Mannschaften aufgeteilt, und jede dieser beiden Ligen ist in drei Unterligen zu je 5 Mannschaften (Divisions) untergliedert. Jede Mannschaft spielt vier Mal gegen die Mannschaften in der eigenen Division (16 Spiele), dazu kommen Spiele gegen die 10 Mannschaften der Conference (insgesamt 36 Spiele), die nicht in der jeweiligen Division sind und zusätzlich je zwei Spiele gegen die Vereine aus der anderen Conference (30 Spiele). Auf diese Weise bestreitet jede Mannschaft 82 Spiele in der regulären Saison. Würde jede Mannschaft zwei Mal gegen jede andere spielen, dann hätte man nur 2*29=58 Spiele. Anschließend spielen die jeweils besten acht Mannschaften der Eastern und Western Conference in einer Ko-Runde - man kommt weiter, wenn man 4 von maximal 7 Spielen gewonnen hat (*Best of Seven*) - um die Meisterschaft. Maximal kommen demnach 28 Spiele für den Meister und Vizemeister dazu. Das wären dann eine maximale Spielzahl von 110 Spielen und damit die fast doppelte Anzahl von Spielen als bei einem europäischen System *jeder gegen jeden*. Die *Playoffs* entsprechen einer an die reguläre Saison angehängte Champions League.

(7)   Schließlich ein letzter wichtiger Unterschied zwischen der NBA und europäischen Fußballligen: Ein herausragender Basketballspieler wie Dirk Nowitzki kann in der NBA nicht nur wesentlich mehr Geld verdienen als in der Basketball Bundesliga, er trifft dort auch auf die weltbesten Basketballspieler. Die herausragende Stellung der NBA ist für einen talentierten Basketballer ein starkes Motiv nach Nordamerika zu gehen oder dort zu bleiben. Eine andere etwa europäische Basketballliga würde sich schwer tun ein amerikanisches Talent abzuwerben. Die NBA ist deswegen der einzige Magnet für die international größten Basketballtalente. Dagegen ist für ein deutsches Fußballtalent eine andere europäische Topliga eine realistische Option. Dies gilt mit unterschiedlichen Wahrscheinlichkeiten auch für die anderen europäischen Fußballnationen. Dieser Unterschied hat eine erhebliche Konsequenz: Da die NBA außerhalb Nordamerikas keine Konkurrenz hat, hat sie einen großen Spielraum für Regulie-

rung des Spiels. Die Bundesliga muss bei jeder möglichen Regulierung die Konkurrenz der anderen Topligen beachten.

Diese gravierenden organisatorischen Differenzen zwischen der NBA und europäischen Fußballligen begründen allerdings keine Differenz in dem, was wir in dieser Untersuchung als *Überraschungsindex* bezeichnet haben. Ob wenige Vereine eine Liga dauerhaft dominieren, wird durch keine der genannten Merkmale beeinflusst. Am ehesten käme der unterschiedliche Spielmodus in Betracht, weil in der NBA durch die Playoffs starke Mannschafften besser eine schwache Saison kompensieren können. Zum einen reicht es aus, zu den acht Besten der jeweiligen Division zu gehören und - noch wichtiger - wenn eine Mannschaft 4von 7 Spielen gewinnen muss, dann hat der Zufall eine geringere Chance als bei einem Spielmodus, wie wir ihn in der Bundesliga oder in der Champions League kennen. Aber dies würde einen geringeren Überraschungsindex in der NBA implizieren. Der Austragungsmodus der NBA würde eher die Dominanz starker Mannschaften begünstigen, auf europäische Fußballverhältnisse übertragen, würden wir mehr Vereinstypen wie Real Madrid, Bayern München oder Manchester United erwarten.

Um die Dynamik in der NBA zu verstehen, schauen wir zunächst auf die 20 besten Vereine nach ihrem 10jährigen Tabellenmittelwert. Zur Gewährleistung der Vergleichbarkeit wurde ein Untersuchungszeitraum von 1963 bis 2009 gewählt. Diagramm 35 zeigt als eine einzige Mannschaft die Los Angeles Lakers, die nie einen schlechteren 10jährigen Tabellenplatzmittelwert als 10 hatten und demnach als der beste Verein betrachtet werden können. Aber diese Feststellung wird relativiert durch weitere Beobachtungen. Die Los Angeles Lakers sind nicht die aktuell beste Mannschaft. Da die Tabelle nach dem 2009 erreichten Tabellenplatz im 10jährigen Mittel geordnet ist, liegen die San Antonio Spurs und die Dallas Mavericks vor den Lakers. Die Dominanz eines FC Bayern München gibt es in dieser Liga nicht. Auch gibt es eine Reihe von Vereinen, die gute mit denen der Lakers vergleichbare Minimalwerte haben, aber deutlich schlechtere Maxima. Ein gutes Beispiel für die Dynamik in der NBA ist der in Diagramm 35 letztplatzierte Verein - die Chicago Bulls. Diese Mannschaft dominierte die Liga zwischen 1991 und 1998 mit sechs Meisterschaften, was sie im Wesentlichen ihrem damaligen Star Michael Jordan zu verdanken hat. Nach dem Abgang von Jordan konnten die Chicago Bulls nie wieder an diese Glanzzeit anknüpfen.

96

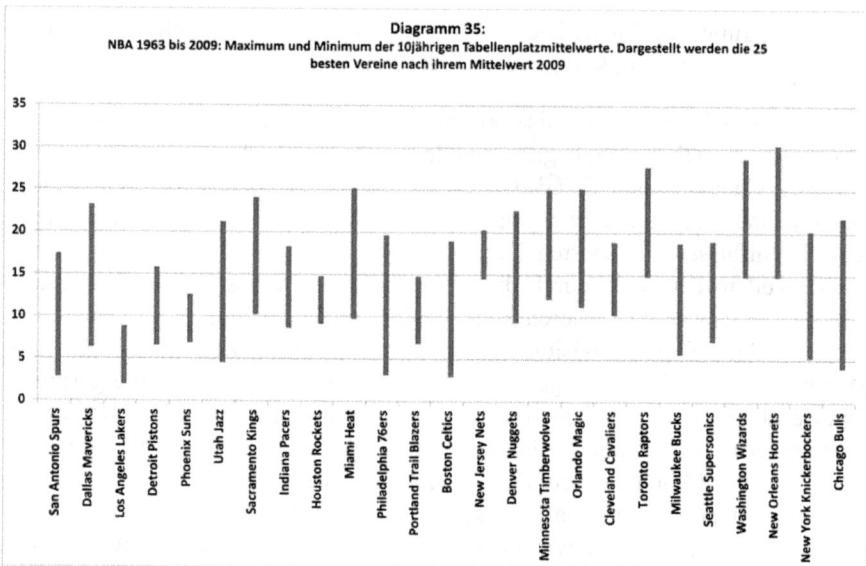

Diagramm 35:
NBA 1963 bis 2009: Maximum und Minimum der 10jährigen Tabellenplatzmittelwerte. Dargestellt werden die 25 besten Vereine nach ihrem Mittelwert 2009

Dass in der NBA eine dauerhafte Dominanz kaum zu erzielen ist, zeigt auch ein Blick auf Diagramm 36:

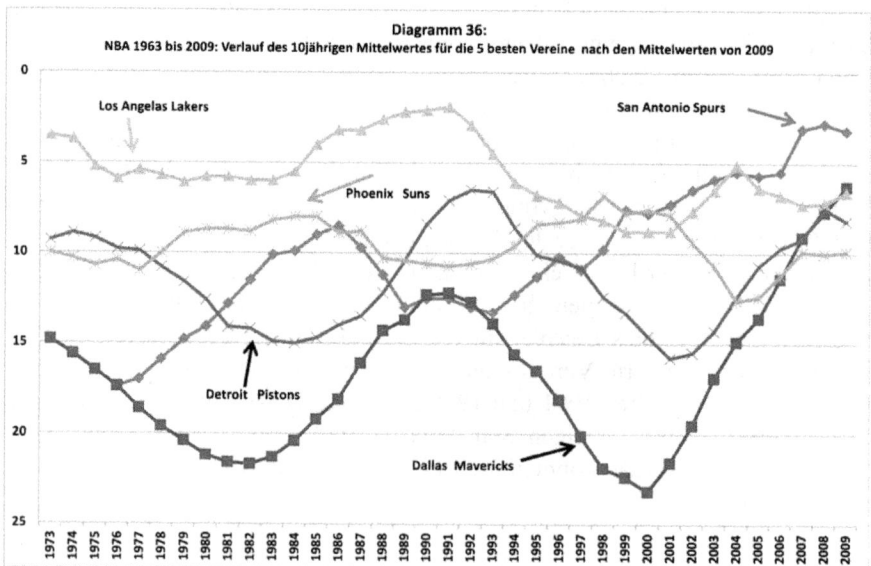

Diagramm 36:
NBA 1963 bis 2009: Verlauf des 10jährigen Mittelwertes für die 5 besten Vereine nach den Mittelwerten von 2009

Nach dem Stand von 2009 sind die San Antonio Spurs die beste Mannschaft im 10jährigen Mittel. Die Los Angeles Lakers sind etwas abgefallen und insgesamt liegen die besten 5 Vereine relativ dicht zusammen. Dies spricht für eine ausgeglichene Liga und wirft die Frage nach der Entwicklung des Überraschungs-index auf.

Diagramm 37 zeigt den Überraschungsindex, wobei die 1973 beginnende Linie mit einem 5jährigen gleitenden Mittel überlagert wurde. Die Berechnung wurde wie bei den europäischen Fußballligen vorgenommen, mit einem 10jährigen Mittelwert für die Tabellenplatzerwartung der ersten 4 Mannschaften.[27]

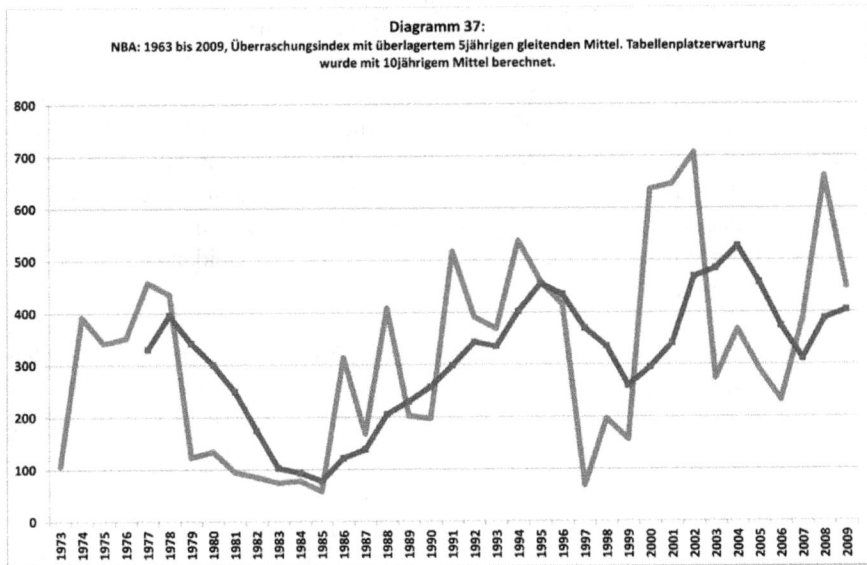

Diagramm 37:
NBA: 1963 bis 2009, Überraschungsindex mit überlagertem 5jährigen gleitenden Mittel. Tabellenplatzerwartung wurde mit 10jährigem Mittel berechnet.

---

27   Der in Diagramm 37 dargestellte Überraschungsindex wurde auf der Basis der Abschlusstabelle vor den Playoffs berechnet. Zur Kontrolle der Resultate wurde auch ein Überraschungsindex auf der Basis der Playoffs berechnet. Dazu wurde eine virtuelle Tabelle erstellt, bei der der Meister den ersten Tabellenplatz belegt, der Zweite im Finale den zweiten Tabellenplatz u. s. w., die anderen Mannschaften in der Schlusstabelle der Saison wurden entsprechend neu eingestuft. Das auf diese Weise berechnete Diagramm unterscheidet sich strukturell nicht von Diagramm 37.

Der Verlauf beider Kurven zeigt eine Zunahme von Überraschungen. Anders als in den europäischen Fußballligen gibt es *keine* Tendenz zu einer stärkeren Monotonie. Wie kann man diesen Sachverhalt erklären? Warum schafft es ausgerechnet eine nordamerikanische Profiliga einen ausgeglichenen Wettbewerb herzustellen, wo wir doch eigentlich aus dem Referenzland des freien Wettbewerbs die Dominanz weniger reicher Vereine erwarten sollten. Sollte wider Erwarten der freie Wettbewerb in Nordamerika zu mehr sportlicher Ausgeglichenheit führen?

Die simple Antwort ist Ja und Nein. Anders als die europäischen Fußballligen hat die nordamerikanische NBA ein sehr effektives Verfahren um eine finanziell und auch sportlich einigermaßen ausgeglichene Liga zu gewährleisten. In diesem Sinn handelt es sich um regulatorische Eingriffe, die man durchaus mit Eingriffen in ansonsten freie Märkte zur Verhinderung marktbeherrschender Monopole vergleichen kann. Dabei geht es um die Gewährleistung einer profitablen Liga durch die Herstellung eines sportlich fairen Wettbewerbs und zugleich um den Schutz der Eigner vor zu hohen Investitionen in Spieler. Insofern kann man sagen, dass der freie Wettbewerb der Vereine massiv beschränkt wird, aber gerade dadurch wird eine ausgeglichene und damit profitable Liga geboten. Dafür sind vor allem zwei regulatorische Eingriffe entscheidend, nämlich der *Draft* und der *Salary Cap*:

(1) Die Vereine haben einen Zugriff auf junge talentierte Spieler, wobei die Zugriffsrechte umgekehrt proportional zu der saisonalen Leistung sind. Die nach Tabellenplatz schwachen Vereine können die potentiell stärksten Spieler verpflichten. Diese Regulierung wird als *Draft* bezeichnet.

(2) Der zweite Eingriff definiert eine Obergrenze der Gehaltszahlungen für die gesamte Mannschaft. Dadurch werden zu große Unterschiede zwischen relativ armen und relativ reichen Clubs verhindert. Bei dieser Regulierung spricht man vom *Salary Cap*.

Der *Draft* und der *Salary Cap* sind gute Beispiele, wie einfache und überzeugende Ideen in der praktischen Umsetzung zu komplexen Bestimmungen mit bürokratischer Anmutung werden. Die Grundidee lässt sich in wenigen Worten formulieren: Sorge dafür, dass die schwächeren Vereine die stärkeren jungen Spieler verpflichten können (*Draft*) und sorge weiter dafür, dass die kumulierten Spielergehälter begrenzt werden (*Salary Cap*), damit auch die finanzschwächeren Vereine spielstarke Mannschaften zusammenstellen können und keinem

Verein die Schuldenfalle droht. Denn eine Obergrenze für die an die Spieler ge-
zahlte Gehaltssumme verhindert eine Häufung der besten Spieler in wenigen
Spitzenvereinen. Die Darstellung und Analyse dieser komplexen Bestimmungen
würde eine eigene Arbeit erfordern. Was hier interessiert ist die Frage, ob eine
Liga mit solchen regulatorischen Eingriffen einen anderen Überraschungsindex
hat als die vier europäischen Fußballigen. Die Gehaltsobergrenze in der NBA
garantiert den Spitzenspielern Jahreseinkommen von über 10 Millionen Dollar
und sie kann zudem durch Ausnahmeregelungen überschritten werden, wenn es
gilt Spitzenspieler vom Wechsel in eine andere Mannschaft abzuhalten. Wegen
dieser und anderer Ausnahmeregeln bezeichnet man die Obergrenze auch als
weiche Obergrenze im Unterschied zu *harten* Obergrenzen in anderen nordamerikanischen Profiligen.

Die Geschichte der Chicago Bulls macht plausibel, warum diese Regulierungen zu einer ausgeglichenen Liga beiträgt. Die Erfolge dieser Mannschaft
sind ohne den überragenden Spieler Michael Jordan nicht erklärbar. Eigentlich
hätten die Portland Trailblazers 1984 das Recht gehabt, diesen Spieler zu verpflichten, sie zogen aber einen anderen vor. Diagramm 36 zeigt für die Chicago
Bulls die am Ende der Saison erreichten Plätze und ihr Abschneiden in den
Playoffs.

In den Spielzeiten 1988/89 bis 1997/98 erreichen die Bulls 6 Meisterschaften und zweimal das Halbfinale[28], nach der letzten Meisterschaft gibt es einen
Absturz in der Liga und die Bulls erreichen nur noch ein einziges Mal einen
Platz unter den ersten acht, freilich ohne anschließenden Erfolg in den Playoffs.
Dieser Absturz koinzidiert zeitlich mit dem Rücktritt von Jordan in der Saison
98/99. Diese Geschichte zeigt, warum der Draft und der Salary Cap die dauerhafte Etablierung von wenigen Mannschaften an der Spitze zum Nachteil der
restlichen Ligateilnehmer verhindern können. Die Chicago Bulls konnten ihre
beeindruckende Erfolgsserie nicht durch die Verpflichtung neuer herausragender
Spieler verstetigen. Dass eine Mannschaft in kurzem zeitlichen Abstand zweimal hintereinander für jeweils drei Jahre die NBA Meisterschaft gewinnen
konnte ist in der NBA einmalig, um so erstaunlicher ist aus europäischer Sicht
der Absturz der Bulls, nachdem Jordan im Januar 1999 seinen Rücktritt erklärt.

---

28   Der dritte Platz wird nicht ausgespielt. Die beiden dritten Plätze bedeuten "Halbfinale
      erreicht"

Diagramm 38:
Chicago Bulls, Ligaplätze und Finalplätze von 1985 bis 2009.

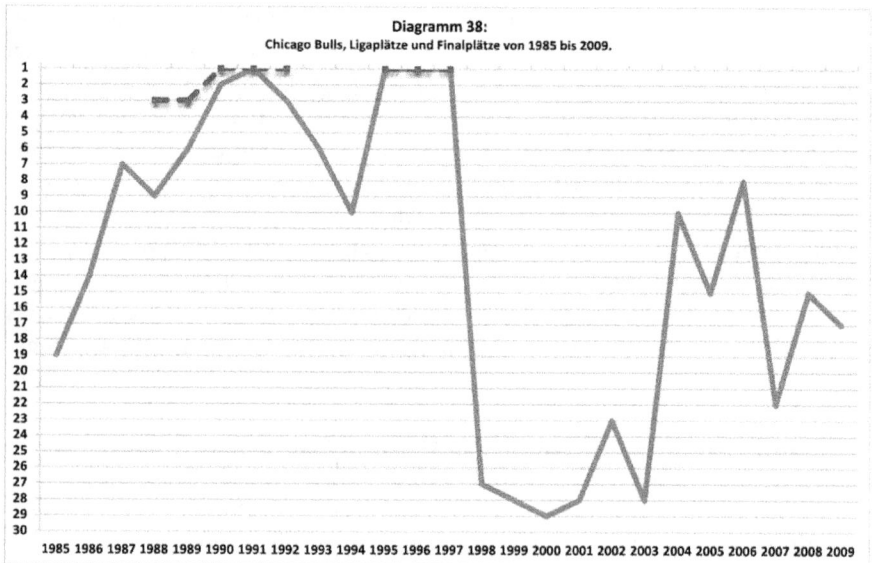

Die großen europäischen Fußballclubs konnten zumeist Erfolge durch die Verpflichtung neuer Stars verstetigen. Nun liegt der Einwand, im Basketball hätte bei 5 Spielern ein herausragender Spieler eine größere Wirkung auf den Erfolg der Mannschaft auf der Hand, aber gleichwohl ist seine Erklärungskraft für den Absturz der Bulls beschränkt. Bayern München musste nach 1974 in kurzer Zeit auf die beiden prägenden Spieler Beckenbauer und Müller verzichten, ohne dass dies mit einem Absturz in der Tabelle verbunden gewesen wäre. Das Problem ist nicht der Abgang überragender Akteure, sondern die Schwierigkeit solche Abgänge durch Neuverpflichtungen zu kompensieren.

Vereine wie Bayern München, Real Madrid, FC Chelsea, Manchester City, AC Mailandkönnen ohne regulatorische Beschränkungen junge perspektivenreiche, aber auch international erfahrene Spieler verpflichten, entweder um ihre Spitzenpositionen zu halten oder um erneut eine Spitzenpositionen zu erreichen. Bayern München, Real Madrid und der AC Mailandsind recht unterschiedliche Beispiele für das Bewahren einer herausragenden Position im europäischen Fußball, während der FC Chelsea und Manchester City gut belegen, wie in Europa durch massive Investitionen Vereine in die europäische Spitze geführt werden können. Keiner der beiden Vereine kann durch seine Einnahmen näherungsweise seine Ausgaben decken. Die Konsequenzen der Regulierungen in der NBA werden deutlich, wenn man sich die Tabellenplätze der Vereine anschaut, die zwischen 1984 - in diesem Jahr wurde erneut ein Salary Cap eingeführt - und 2009 das Finale erreicht haben: Zur Erinnerung sei darauf verwiesen, dass man sich für das Finale durch eine erfolgreiche Teilnahme an den Playoffs qualifiziert, die mit 16 Mannschaften beginnen. Eine Mannschaft muss demnach in der regulären Saison nicht ganz vorne stehen, um das Finale zu erreichen. Ein guter Beleg sind die New Jersey Nets, deren 5 besten Plätze in dem betrachteten Zeitraum 5, 7, 8, 9 und 10 waren. 2001 und 2002 erreichten sie als 5ter und 8ter der regulären Saison das Finale. Andererseits zeigen die Mittelwerte der besten 5 Platzierungen, dass die Finalisten auch in der regulären Saison zumeist sehr gute Plätze erzielen, auch wenn das Diagramm 39keine direkten Rückschlüsse auf den Zusammenhang zwischen Platzierungen in der Saison und Platzierungen im Finale zulässt. Betrachten wir zunächst die Chicago Bulls. Sie erreichen und gewinnen die Finale 1990, 1991, 1992 und 1995, 1996, 1997. In der Saison erreichen sie die Plätze 2, 1, 3, 1, 1, 1. Die Los Angeles Lakers erreichen in diesem Zeitraum

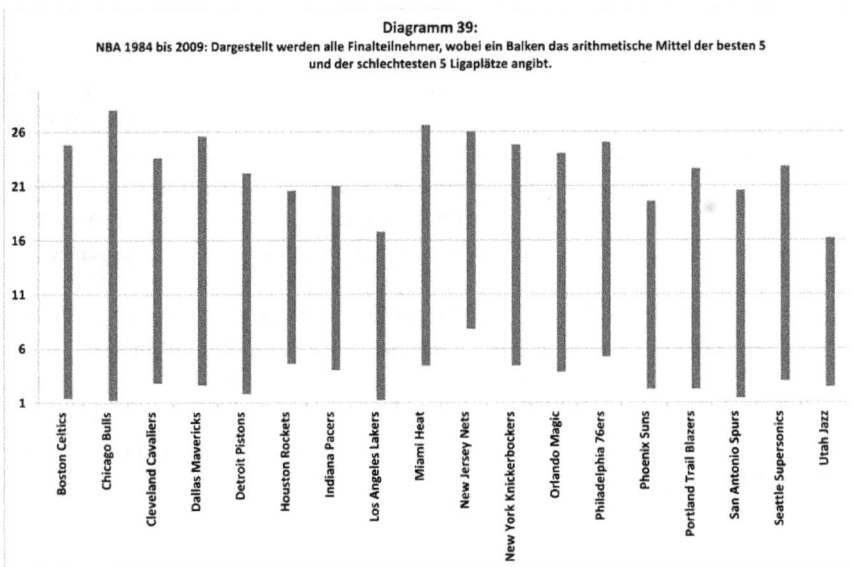

Diagramm 39:
NBA 1984 bis 2009: Dargestellt werden alle Finalteilnehmer, wobei ein Balken das arithmetische Mittel der besten 5 und der schlechtesten 5 Ligaplätze angibt.

12 Mal das Finale, davon 3 Mal als Erster, 4 Mal als Zweiter, 4 Mal als Dritter und einmal als Vierter. Die San Antonio Spurs erreichen und gewinnen das Finale 4 Mal: 1998, 2002, 2004, 2006. Die 5 schlechtesten Plätze der Spurs sind Platz 27, 23, 20 18, 15. Die schlechtesten Plätze der Lakers sind: 22, 18, 18, 13, 13; schließlich sind die 5 schlechtesten Plätze der Bulls: 29, 28, 28, 28, 27. In einer durch den Draft und den Cap regulierten Liga scheint es eine dauerhafte Dominanz nicht zu geben. Auch zeitweise überragende Mannschaft müssen

sportliche Dürreperioden durchstehen. Diagramm 39 zeigt sehr schön, dass die zeitweise Besten der Liga, die Finalisten in dem Untersuchungszeitraum, auch 5 schlechte Spielzeiten haben. Kein Verein schafft einen Mittelwert von besser als 16, die meisten haben einen Mittelwert von schlechter als 21. Auch wenn man bei einem Vergleich mit dem europäischen Fußball die Größe der Liga berücksichtigen muss - die Zahl der teilnehmenden Mannschaften lag 1984 bei 23 und liegt heute bei 30 - so sind solche Ausreißer nach unten bei europäischen Spitzenclubs im Vergleich zur NBA selten.

Dass ausgerechnet in den USA (und Kanada) die Ausgeglichenheit einer Liga durch regulatorische Eingriffe hergestellt wird, ist nur auf den ersten Blick verwunderlich. Die dahinter stehende Überlegung ist, dass eine *auf Dauer* von wenigen Mannschaften dominierte Liga für die Zuschauer langweilig und damit unprofitabel wird. Auch wenn statistisch kaum entscheidbar ist, ob das Recht der schwächeren Mannschaften auf Verpflichtung perspektivreicher junger Spieler (*Draft*) oder die Beschränkung der Einkommen (*Cap*) für die relative Ausgeglichenheit der Liga entscheidend sind, so kann man doch eines am Beispiel der Chicago Bulls festhalten: Als die überragenden Fähigkeiten von Jordan nach dem Gewinn der ersten Meisterschaft deutlich wurden, konnte kein anderer Club diesen Spieler durch ein entsprechendes Angebot abwerben. Dies spricht für die These, dass die NBA über effektive regulatorische Mittel verfügt, um den Ankauf von Stars durch wenige Clubs zu unterbinden. Das aber ist genau das Prinzip, nach dem einige europäische Fußballclubs ihre Spitzenstellung zementieren.

Nicht umsonst spricht man von Star-Ensembles bei Real Madrid zeitweise gar von den Galaktischen, weil diese Vereine mit ihrer enormen Finanzkraft die weltweit besten Spieler an sich binden können. Die Dynamik in der NBA zeigt, dass drei verschiedene Ziele miteinander kombinierbar sind: Eine profitable Liga, hohe Spielergehälter und Wettbewerbe, die *expect the unexpectable* wahrmachen oder wenigstens wahrscheinlicher machen.

8. Ein Fazit

Welche Schlussfolgerungen soll man aus diesen Befunden ziehen? Betrachtet man die gemeinsame Darstellung der von uns untersuchten vier europäischen Ligen (Diagramm 33), dann zeigt sich, dass Deutschland, England und Italien gegen einen geringen Überraschungsindex konvergieren. Ausgerechnet das von der Dominanz zweier Mannschaften geprägte Spanien zeigt eine geringfügige Erhöhung des Index, wobei diese Veränderung auf eine höhere Variabilität hinter den beiden Spitzenclubs Barcelona und Madrid verweist und nicht auf eine Wachablösung an der Spitze. An der schon historisch zementierten Dominanz von Barcelona und Madrid hat sich in den letzten Jahren nichts geändert. Parallel zu der Verfestigung der Spitze in den vier untersuchten Ligen sinkt die Chance von Aufsteigern auf einen Verbleib in der Liga (Diagramm 34). Noch deutlicher als die Konvergenz bei den Spitzenclubs ist die Konvergenz bei der durchschnittlichen Verweildauer der Aufsteiger: Eine dauerhafte Erneuerung der Ligen durch Aufstiege und Abstiege findet kaum noch statt. Ein Aufsteiger kämpft typischerweise einen verlorenen Kampf gegen den Abstieg und wird nach einer kurzen Visite für längere Zeit, wenn nicht für immer aus der ersten Liga verschwinden oder der Aufsteiger wird zu einer Fahrstuhlmannschaft mit einer sehr geringen Chance auf einen dauerhaften Verbleib in der Liga.

Der europäische Spitzenfußball ist damit auch in einer nicht offensichtlichen Weise zu einer Klassengesellschaft geworden: In einer offensichtlichen Weise ist der europäische Fußball ohnehin eine Mehrklassengesellschaft, weil die Ligen in hierarchischen Spielklassen organisiert sind. Aber diese Hierarchisierung wird durch die Mobilität des Aufstiegs und Abstiegs aufgebrochen: Niemand gehört im europäischen Fußball kraft Satzung dauerhaft zur obersten Spielklasse und jeder kann sich grundsätzlich durch Aufstiege in die oberste Spielklasse emporarbeiten. Bei einer Ligagröße von 18 Vereinen und maximal drei Aufsteigern und Absteigern könnte die Bundesliga hypothetisch nach 6 Spielzeiten komplett erneuert sein. Eine solche Mobilität ist sportlich weder möglich und aus Sicht der meisten Fans auch nicht wünschenswert und es hat sie zumindest in den oberen Ligen auch nicht näherungsweise gegeben. Aber auf der anderen Seite können Aufsteiger mit großem Potential wie Bayern München oder Borussia Mönchengladbach in den 60'er Jahren eine Liga regelrecht aufmischen und so für neue Spannung und Überraschung sorgen. Hoffenheim hat diese selten gewordene Mobilität in Deutschland 40 Jahre später demonstriert, aber zugleich auch dementiert, weil der sportliche Erfolg nur mit der Unterstützung eines Mäzens möglich war und ist. Die selbst erarbeitete Aufwärtsmobilität durch ein glückliches Team mit einigen Ausnahmespielern gibt es praktisch nicht mehr, weil Späher solche Talente frühzeitig an Großclubs vermitteln. Die Internationalisierung des Fußballs lässt lokale Überraschungsmannschaften, die sich gleichsam international unbemerkt in die europäische Spitze vorarbeiten nicht mehr zu. Die Regionen, wo sich Talente bis zum Alter 17 oder 18 Jahren in kleineren Vereinen nahezu unbeobachtet entwickeln konnten, sind zu einer Randerscheinung geworden, so es sie überhaupt noch gibt. Die Verpflichtung von 16jährigen oder noch jüngeren, hochtalentierten ist mittlerweile nicht mehr ungewöhnlich.

Dadurch werden die obersten Ligen zu einer Zweiklassengesellschaft von Vereinen, die mehr oder weniger regelmäßig erfolgreich an lukrativen internationalen Wettbewerben teilnehmen und solchen, die bestenfalls kurzfristig in europäischen Wettbewerben auftauchen, aber ansonsten nur hoffen können, ihre Saison fern der Abstiegsplätze zu gestalten. Mit einer gewissen Dialektik nähern sich die durch die Möglichkeit des Aufstiegs offenen europäischen Spitzenligen damit der NBA an, die als geschlossene Liga weder Aufstieg noch Abstieg kennt. In den europäischen Ligen ist ein dauerhafter sportlicher Aufstieg grundsätzlich möglich, nur ist er in den letzten Jahrzehnten immer unwahrscheinlicher geworden. Parallel dazu hat die Überraschung in Deutschland, England und Italien abgenommen und erreicht das niedrige Niveau Spaniens. Wie die Analyse des Überraschungsindex der NBA gezeigt hat, ist diese geschlossene Gesellschaft offener für Überraschungen als der europäische Fußball. Noch deutlicher als der Überraschungsindex zeigen dies die von den Finalteilnehmern erreichten durchschnittlich besten und schlechtesten Tabellenplätze. Es gibt in der NBA keine dauerhaften Dominatoren wie Bayern München, Real Madrid oder Manchester United, die über Jahrzehnte Spitzenplätze in der Liga erreichen und Dauergäste in europäischen Wettbewerben sind. Was den Vergleich der NBA mit europäischen Spitzenligen trotz aller Unterschiede zwischen Basketball und Fußball, Nordamerika und Europa hilfreich macht, ist eine gemeinsame Prämisse beider Sportkulturen: Sie versuchen einen profitablen Spielbetrieb zu organisieren, wobei in beiden Fällen die Spieler von einer ökonomisch erfolgreichen Liga profitieren. Im europäischen Fußball und im nordamerikanischen Basketball erreichen die Stars Jahreseinkommen von 10 Millionen Euro bzw. Dollar und mehr, daran ändert auch der weiche Salary Cap der NBA nichts. Aber während man in Europa eine sich verfestigende Dominanz reicher Clubs beobachtet, schafft es die NBA mit ihren Regulierungen eine solche Dominanz zu verhindern. Während die geschlossene NBA offen für Überraschungen ist, wird das Unerwartete in den offenen europäischen Fußballligen unwahrscheinlich. *Expect the expectable* charakterisiert den europäischen Fußball mittlerweile besser als *expect the unexpectable.*

Die europäischen wie die amerikanischen Ligen unterscheiden sich nicht in ihrer Kommerzialisierung, der auffällige Unterschied ist die Art und Weise, wie durch Draft Pick und Salary Cap im nordamerikanischen Profisport Überraschungen ermöglicht werden, indem die finanziell begründete Dominanz weniger reicher Vereine verhindert wird. Natürlich lassen sich die Konzepte des Draft Picks nicht ohne weiteres auf Europa übertragen. Würden die schwächsten Vereine einer Bundesligasaison - die Absteiger - die besten jungen Spieler wählen können, dann spielten Khedira, Neuer und Özil vielleicht beim FC St. Pauli, beim FC Augsburg und beim VfL Bochum und nicht bei Real Madrid und bei Bayern München. Das ist für die Bundesliga und andere europäische Ligen eine unvorstellbare Entwicklung, aber ein Grund dafür sind die Unterschiede zwischen armen und reichen Vereinen. Während die NBA den jungen Talenten in jedem Verein ein relativ hohes Einkommen auch durch die möglichen Erfolge des Vereins in der Liga garantieren kann, ist dies im europäischen Fußball eben nicht möglich. Özil beim FC St. Pauli? In Europa ein häretischer Gedanke, weil man davon ausgeht, dass ein so überragender Spieler sein Talent bei einer Fahrstuhlmannschaft nicht entwickeln kann und so unterschreibt er bei einem Spitzenclub wie Real Madrid. Die nordamerikanische Profiliga hat dieses Argument gleichsam umgekehrt, indem sie fragt, wie sollen denn die schwächeren Vereine eine Chance haben, in der Liga nach vorne zu kommen, wenn wir ihnen nicht die Chance auf die Verpflichtung guter Spieler bieten? Damit wird durch die Verpflichtung von Talenten ein bislang schwacher Verein ein starker Verein und aus der Sorge, ein talentierter junger Spieler könne sich dort nicht entwickeln, wird die Feststellung, dass der Verein durch diese guten Spieler ein konkurrenzfähiger Verein geworden ist.

Die Regulierungen in der NBA geben auch den schwächeren Vereinen eine faire Chance auf gute Plätze, während man in Europa die Abstände vergrößert. In Deutschland ist gelegentlich ein Grummeln über die mangelnde europäische Konkurrenzfähigkeit deutscher Spitzenclubs zu hören, während die mangelnden Chancen von Aufsteigern weniger Aufmerksamkeit findet. Die dabei verwendeten Argumente erinnern stark an die neoliberalen Muster, mit denen über die mangelnde Größe auch der größten deutschen Bank geklagt wurde. Maßstab, so hieß es, müsse der globale Wettbewerb sein und vor diesem Hintergrund brauche Deutschland mächtigere, konkurrenzfähige Banken. Man braucht in diesem Argument nur *globaler Wettbewerb* gegen *Champions League* und *konkurrenzfähige Banken* durch *konkurrenzfähige Vereine* zu ersetzen, um die grundlegende Forderung nach einer stärkeren Konzentration der Bundesliga auf wenige oder einen Spitzenclub zu bekommen. Was die Protagonisten dieser Konzentrationsphilosophie übersehen, ist die Umkehrbarkeit der Forderung. Mit anderen

Worten: Man kann das Argument drehen, weil sich die Chancen der deutschen Clubs durch eine engagierte Regulierung der Konkurrenzligen verbessern würden. Das liegt an der trivialen Einsicht, dass sich Wettbewerbsfähigkeit über Chancengleichheit herstellt und Chancengleichheit im Fußball heißt nun einmal, dass die finanziellen Ressourcen der konkurrierenden Vereine ähnlich sein müssen. Es würde ja nicht schaden, wenn es in jeder europäischen Liga einige über die Jahre unterschiedliche Vereine mit etwa gleichen Chancen auf den Meistertitel gäbe.

Immerhin reagiert die UEFA auf die Folgen des deregulierten Fußballmarktes, insbesondere auf die sich aus sehr hohen Spielergehältern ergebende Verschuldung vieler Vereine. Die UEFA spricht von einem finanziellen Fairplay und meint damit im Wesentlichen ein schuldenfreies Wirtschaften der Vereine. Allerdings blickt die UEFA dabei ausschließlich auf die finanzielle Situation der Vereine und nicht auf die ungleichen Wettbewerbschancen, die Gegenstand dieses Essays sind.[29] Auch wenn alle Vereine schuldenfrei wirtschaften, impliziert dies nicht zwingend einen sportlich fairen Wettbewerb im Sinne vergleichbarer Chancen durch vergleichbare finanzielle Möglichkeiten, dazu reicht ein Blick auf Bundesliga, wo die stärkste Mannschaft auch die reichste Mannschaft ist. Es ist demnach offen, ob die von der UEFA vorgesehenen Regulierungen etwas an der Dominanz weniger europäischer Vereine ändern können und vor allem ist unklar, ob die UEFA dies anstrebt. Ökonomisch mächtige und sportlich erfolgreiche Vereine wie Real Madrid, Manchester United, FC Barcelona und jüngst

---

29 Die UEFA hat dazu ein UEFA-Reglement zur Klublizenzierung und zum finanziellen Fairplay erarbeitet (UEFA 2010). Wichtige Ziele sind dabei u. a. die Sicherung der langfristigen und nachhaltigen Lebensfähigkeit der Fußballvereine und die Fähigkeit der Vereine, im Rahmen ihrer eigenen Einnahmen zu wirtschaften. Die Umsetzung solcher Konzepte ist, wie die folgende Pressemeldung zeigt, - nicht einfach: *Die Verbandsfunktionäre sehen bei Manchester City die Gefahr des „Scheinsponsorings". Ein Sponsorenvertrag darf im Sinne des Financial Fairplay nur zu marktüblichen Preisen abgeschlossen werden. Die UEFA spricht von einem „fairen Wert". Das ist zweifelsohne ein dehnbarer Begriff, und selbst im Fall von Manchester City könnte ein Regelverstoß mitunter nur schwer nachzuweisen sein. Hauptsponsor ist die Fluggesellschaft Etihad aus Abu Dhabi, die von Scheich Ahmed bin Saif Al-Nayhan geführt wird, dem Halbbruder des Vereinseigentümers. Nicht so sehr die Familienbande löste den Verdacht aus als vielmehr die schiere Summe. Etihad zahlt Manchester City 400 Millionen Pfund für die Namensrechte am Stadion und den Schriftzug auf dem Mannschaftstrikot. Zum Vergleich: Der FC Bayern nimmt aus den Namensrechten an der Allianz-Arena und dem Trikotsponsoring der Deutschen Telekom knapp 30 Millionen Euro je Saison ein.* (FAZ 2011)

Manchester City werden ihre Privilegien nicht ohne weiteres aufgeben. Aber gleichwohl kann sich die UEFA bei einer von Umgehungstatbeständen freien Definition von *eigene Einnahmen* ihrem Ziel eines Fairplay annähern. *Fairplay* als Ziel auszugeben impliziert ja immerhin eine kritische Betrachtung des gegenwärtigen Zustands, denn wenn der Wettbewerb fair wäre, müsste man nicht einen fairen Wettbewerb als Ziel definieren.

In diesem Essay geht es um die faire Chance von Vereinen auf Konkurrenzfähigkeit und Erfolge in der Liga und nicht um die Frage ob ein von wenigen Vereinen dominierter Wettbewerb populär und lukrativ sein kann. Wie die steigenden Zuschauerzahlen belegen, ist die Bundesliga (DFL 2012) populär und man mag darin einen Beleg für spannende Spiele sehen. Aber das ist nicht die Sicht des Statistikers, der auf längerfristige Trends blickt und dabei feststellen muss, dass die Überraschung in den vier großen europäischen Ligen auf einem niedrigen Niveau konvergiert. In einer gewissen Weise beschreiben wir mit statistischen Instrumenten ein Konfliktpotential, eine schleichende Veränderung, die unterhalb der Schwelle einer direkten auf ein oder wenige Spiele bezogenen saisonalen Wahrnehmung liegt. Uns bewegt nicht die Frage, ob ein Aufsteiger wie Mainz den FC Bayern zu Hause besiegt. Solche Ereignisse werden zwar in den Medien groß gefeiert und vielleicht führen sie zu einem T-Shirt mit einem entsprechenden Aufdruck, das vergilbend nach ein paar Jahren an längst vergangene große Zeiten erinnert. Was uns interessiert, ist die Chance von Aufsteigern, sich in den jeweiligen Ligen als ernsthafte Konkurrenten zu etablieren. Und genau dies findet nur noch in dem seltenen Fall statt, wenn ein Aufsteiger über entsprechende finanzielle Mittel verfügt. Einzelne Überraschungen wie der Sieg des Weltpokalsiegerbesiegers St. Pauli über Bayern München oder eine Heimpleite der Bayern gegen die Mainzer sind aus dieser Sicht nicht mehr als ein statistisches Rauschen.

Das Resultat der Analyse ist eine Verfestigung in der Spitze bei einer Reduktion der Chancen von Aufsteigern. Dabei sind zwei Fragen offen geblieben: Kann man diesen Trend im Sinne einer Prognose fortschreiben und ist der 12te Freund, also das große Geld und seine ungleiche Verteilung, die Ursache für diese Entwicklung? Ursachen lassen sich am sichersten durch kontrollierte Experimente bestimmen. Solche Experimente kann es im Sport nicht geben, weil wir nicht zwei Bundesligen mit unterschiedlich verteilten Finanzressourcen parallel betrachten können. Bei der Beobachtung von gesellschaftlichen Entwicklungen bedient man sich daher indirekter Schlussfolgerungen, indem man zunächst einen mikrosoziologischen potentiell erklärenden Zusammenhang zu identifizieren versucht, der sich dann für makrosoziologische Zusammenhänge verallgemeinern lässt.

Man muss deswegen die Suche nach einer Erklärung mit einem Wechsel der Perspektive beginnen, indem man nach den Gründen fragt, warum für die Vereine hohe Investitionen in Spieler so wichtig sind: Ein Verein mit einem höheren Budget wird die teureren Spieler kaufen können und die teureren Spieler sind in der Regel die besseren Spieler.[30] Sicher gibt es im Fußball wie in anderen ökonomischen Bereichen auch Fehlinvestitionen, besonders gut und besonders schlecht wirtschaftende Vereine, es gibt teure Spieler, die hinter den Erwartungen zurückbleiben, weil sie verletzt sind, sich nicht sozial akklimatisieren können oder aus anderen Gründen nicht die erwartete Leistung bringen. Aber wären diese Enttäuschungen die Regel, könnte man sich von einer höheren Investition keine bessere Leistung erwarten, und kein Verein würde in teure Spieler investieren, weil es schlicht ökonomisch irrational wäre. Auf der mikrosoziologischen Erklärungsebene lässt sich dieser empirisch belegbare Zusammenhang so formulieren: Ceteris paribus ist eine Mannschaft mit den teureren Spielern die erfolgreichere. Die Etatunterschiede zwischen den Vereinen implizieren bei allen nationalen Differenzen zwei Gemeinsamkeiten: Durch die Globalisierung des Fußballs erzielen die international erfolgreichen Vereine höhere Einnahmen durch Merchandising und die Champions League ist für diese Vereine eine privilegierte Einnahmequelle.[31] Kein Verein ist in Deutschland in der Champions League auch nur annähernd so erfolgreich wie Bayern München und dementsprechend kann sich kein Verein so teure Spieler leisten. Der Einfluss des großen Geldes auf Erfolge lässt sich auch gut an Manchester City studieren, wo durch enorm hohe Investitionen in den Spielerkader durch ein Investmentunternehmen aus Abu Dhabi eine englische Spitzenmannschaft geformt wurde.

Dass der 12te Freund ursächlich für die in diesem Essay beschriebenen Entwicklungen verantwortlich ist, führt auf die schwierigere Frage: Ist die Entwicklung hin zu einer geringen Zahl von national und europäisch dominierenden Vereinen unumkehrbar, oder wird sich die Konzentration vielleicht noch weiter verstärken? Die Antwort auf diese Frage ist nur prinzipiell einfach, denn aus einer ökonomischen Perspektive kann sich keine Liga eine Dominanz weniger Vereine leisten, sofern die Fans[32] nicht mitspielen. Aber sie spielen bislang mit

---

30 Dass er sich auch teurere Trainer und Betreuer leisten kann, sei nur am Rande erwähnt.

31 Manchmal bietet sich die seltene Chance diesen Zusammenhang auch in niederen Ligen zu beobachten, etwa bei dem Durchstieg von Hoffenheim in die Bundesliga.

32 Der Begriff *Fan* wird hier in einem nicht restriktiven Sinn verwendet. Er umfasst die Personen, die direkt oder indirekt zur Finanzierung des Fußballs beitragen, indem sie in

und das macht die Antwort schwierig. Im spanischen Fußball sind die Spiele zwischen dem FC Barcelona und Real Madrid - El Clásico- der Saisonhöhepunkt. Andere Vereine haben kaum eine Chance auf die Meisterschaft, aber die spanischen Fans akzeptieren anscheinend diese Dominanz, zumindest ist ein erfolgreicher Widerstand der anderen Vereine nicht zu erkennen. Auch wenn die Verhältnisse in Deutschland, England und Italien nicht so drastisch sind, auch hier akzeptieren die Fans der schwächeren Vereine die Dominanz weniger starker Vereine und sorgen zumindest in Deutschland und England für eine gute Auslastung der Stadien. Das Schwächeln der italienischen Liga hat wohl mehr mit Skandalen und der Situation in manchen Stadien zu tun als mit einer Distanzierung von einem als langweilig empfundenen Wettbewerb. Bislang haben die Fans die zunehmende Monotonie nicht nur akzeptiert, sie haben sie - weitgehend - mit höheren Besucherzahlen, höheren Fernsehgeldern und der Bereitschaft Merchandising-Produkte zu kaufen belohnt.

Die Frage, ob die in diesem Essay beschriebenen Phänomene fortgeschrieben werden, ob die nationale und internationale Dominanz weniger Vereine unumkehrbar ist, reduziert sich deswegen auf die Frage, wie lange die Fans diese Entwicklung tolerieren oder gar befürworten. Die Antwort darauf ist schon deswegen kompliziert, weil sie von zwei Prämissen abhängt. Reagieren kann man nur auf ein wahrgenommenes Phänomen und ob man dann reagieren will, hängt von bestimmten normativen Einstellungen ab. Die zunehmende Monotonie an der Spitze und die abnehmenden Chancen der Aufsteiger ist ja zunächst ein mit statistischen Mitteln festgestelltes Signal, das leicht im Rauschen der saisonalen Schwankungen verschwindet. Man kann die Schwierigkeit bei der Identifikation solcher Signale gut mit dem Signal der globalen Erwärmung vergleichen. Auch dieses Klimasignal ist subtil und geht bei kurzfristiger Betrachtung leicht in der Variabilität des Wetters unter. Deswegen gibt es auch nach Jahrzehnten der Diskussion über globale Erwärmung noch immer die skeptische Frage *wie passt ein verregneter und kühler Sommer in das Bild der globalen Erwärmung?*, weil die unmittelbare Wahrnehmung des Wetters der statistischen Evidenz des Klimawandels scheinbar widerspricht. Langfristige subtile Entwicklungen sind nicht oder nur sehr schwer direkt wahrnehmbar, weil der Focus der Betrachter auf eher kurzfristigen saisonalen Schwankungen liegt. Die Intensität des Wettbewerbe um die Meisterschaft und des Kampfs gegen den Abstieg werden von den Medien intensiv begleitet und sind daher leicht von den Fans zu registrierende Tatsachen. Die durchschnittliche Verweildauer eines bestimmten Aufsteigers in

---

Stadien gehen, Merchandising-Produkte kaufen, sich Spiele im Fernsehen anschauen, etc..

der obersten Spielklasse lässt sich nur saisonübergreifend feststellen und wird von den Medien eher mit einem Nebensatz bedacht. Wie lange Aufsteiger durchschnittlich in einer Liga verbleiben, ist eher für einen Fußballstatistiker als für einen Fan bedeutsam. Zumindest in Deutschland deutet manches auf eine zeitlich eher begrenzte Aufmerksamkeit der Fans hin, die sensibel auf Spannung, aber nicht auf Überraschung reagiert, wie sie in diesem Essay analysiert wird. Es könnten eher medial skandalisierbare spektakuläre Einzelfälle sein, wie die Insolvenz eines verschuldeten Vereins oder die Verzerrung des Wettbewerbs durch extreme Investitionen in einzelne Clubs, die zu einer kritischen Reaktion der Fußballfans führen.

Normative Interessen der Fans richten sich auf den Ablauf konkreter Spiele und nicht so sehr auf die Fairness des Wettbewerbs. Ein nicht gegebener Elfmeter oder ein unberechtigter Platzverweis bewegen die Fans eines Vereins vermutlich stärker als die eher abstrakte Frage nach der Chance von Vereinen bei schief verteilten finanziellen Mitteln. Allerdings gibt es Fan-Gruppen, die sich explizit gegen die Kommerzialisierung des Fußballs wenden, etwa gegen die Auffächerung der Spieltage zur Erzielung höherer Fernseheinnahmen. Ob diese eher randständige Kritik Resonanz finden wird, ist schwer einzuschätzen. In den Gesellschaftswissenschaften verfügen wir nicht über Gesetze, um Entwicklungen mit naturwissenschaftlicher Präzision vorhersagen zu können. Wir können nur auf einen Kondensationskeim für eine Veränderung deuten: Die Veränderung hin zu monotoneren Spielzeiten kann bis zu einem Schwellenwert unbemerkt bleiben, aber wenn der Schwellenwert überschritten ist, dann werden die Medien das ihre tun, um aus Desinteresse oder Resignation Engagement werden zu lassen.

Dies ist eine Möglichkeit für eine Veränderung der Verhältnisse. Eine andere ist die Verschuldung vieler Vereine und ihr möglicher Konkurs. Denn die Kommerzialisierung des Fußballs hat Erfolge käuflich gemacht. Dies hat viele Vereine zu hohen und manche zu nicht tragbaren finanziellen Risiken verführt, was in der Summe zu einer Bedrohung des Spitzenfußballs werden kann. Das Risiko eines finanziellen Ruins kann man nur senken, wenn man die Investitionen in Spieler deutlich absenkt, was zu einer ausgeglicheneren Liga beitragen kann. Ein ausgeglichener Wettbewerb wäre allerdings nur ein Nebeneffekt einer Schuldenbremse und es ist fraglich ob sie allein den notwendigen Beitrag leisten wird. Die UEFA spricht von einem *finanziellen Fairplay* und bezieht sich dabei auf die von ihr organisierten Clubwettbewerbe (UEFA 2012, S. 1), wobei in dem gesamten Dokument der Begriff *Fairplay* insgesamt 5 Mal vorkommt, davon viermal mit dem Adjektiv *finanziell*, der Begriff *fair* etwa im Sinne von

ausgeglichenem Wettbewerb gar nicht. In diesem Essay geht es um die sportliche Entwicklung der vier großen nationalen Ligen, die nicht Gegenstand der
UEFA-Regulierung sind. Insofern kann das Fairplay der UEFA auf die nationalen Ligen allenfalls eine indirekte Wirkung haben, aber ein anderer Aspekt ist
gleichfalls wichtig: *Fairness* im Sinne von *Ausgeglichenheit* ist nicht Gegenstand des *finanziellen* Fairplay. Das finanzielle Fairplay zielt darauf, dass ein
Verein nicht mehr ausgeben darf, als er durch seine sportlichen Aktivitäten er-
wirtschaftet (dazu vor allem die Artikel 60 bis 63 (UEFA 2012, S. 38 - 41)).
Sollte die UEFA diese Regelungen umsetzen, dann wird der Einfluss privater
Geldgeber zurückgedrängt. Freilich wird der in der Literatur als Matthäus-Effekt
bezeichnete Umverteilungsprozess davon nicht tangiert: *Wer hat, dem wird gegeben* bezeichnet den in vielen gesellschaftlichen Prozessen beobachtbaren Effekt, dass die Privilegierten privilegierter zu Lasten der weniger Privilegierten
werden.[33] Manches weist auf die Existenz des Matthäus-Effekts auch in nicht
kommerzialisierten Fußballligen hin. In den Oberligen haben, wie bereits erwähnt, einige Vereine in ihren Ligen noch deutlicher dominiert wie Bayern
München dies heute in der Bundesliga tut. Aber in Oberligazeiten waren Fern-
sehgelder, Merchandising und Sponsoring unbekannt, dafür gab es eine aus heu-
tiger Sicht unvorstellbar niedrige verpflichtende Höchstgrenze für Spielergehälter, so dass vermutlich die finanziellen Möglichkeiten eines Vereins nicht der
einzig erklärende Faktor für die Dominanz eines Vereins sind.[34] Der Matthäus-
Effekt beschreibt ein sehr allgemeines, die Verteilung von materiellen und nicht
materiellen Gütern regulierendes Verteilungsprinzip, das man bei allen Untersuchungen zu Ungleichverteilungen beachten muss. Aber man kann die Dinge
trotz Überschneidungen gleichwohl auseinander halten. Wir haben versucht in
diesem Essay nachzuweisen, dass die Kommerzialisierung des Fußballs zu einer
zunehmenden Monotonie bei den Meisterschaften und Abstiegen führt. Die
Konvergenz der vier großen europäischen Ligen hin zu einer abnehmenden

---

33   Die Referenzbeispiele sind Einkommens- und Vermögensverteilungen, aber auch viele
     mit Popularität zusammenhängende Phänomene sind durch diesen Effekt beschreibbar.
34   Warum der Hamburger SV und der 1. FC Kaiserslautern die Oberligen Nord und Süd-
     west so dominiert haben, kann im Rahmen dieses Essays nicht beantwortet werden. Für
     eine Antwort müssten kontrastiv die drei anderen Oberligen herangezogen werden, in
     denen es nicht diese Dominanz eines Vereins gab. Bei diesen hier nicht weiter berück-
     sichtigten Analysen muss man die Dominanz beider Vereine *von Anfang an* beachten.
     Es gibt in beiden Ligen jeweils einen Platzhirsch, aber *keine Tendenz zu einer abneh-
     menden* Überraschung.

Überraschung ist dafür ein Beleg. Allerdings behaupten wir nicht, dass jede Monotonie in einer Liga durch Kommerzialisierung erklärt werden kann.[35]

Die UEFA-Fairplay Regelung kann deswegen durch Verschuldung oder Privatinvestitionen bedingte Ungleichwichte beseitigen, aber kaum die in der Natur der Kommerzialisierung liegende Umverteilung der Chancen. Sollte ein sportliches Fairplay im Sinne einer Angleichung der Chancen und Ligen mit höherem Überraschungsindex durch ein finanzielles Fairplay nicht erreichbar sein, dann bleibt immer noch der Blick nach Nordamerika. Es ist schon paradox, dass ausgerechnet dort durch starke regulatorische Eingriffe ausgeglichenere Ligen ermöglicht werden, während in einem sonst eher an sozialstaatlichen Modellen orientierten Europa ein deregulierter Fußballmarkt zu einer Fußballoligarchie führt. Zumindest eines zeigt die NBA: Man kann durch Regulierung die Chancen der Vereine fairer gestalten. Es bleibt abzuwarten, wie lange man sich in Europa einen deregulierten Fußball mit der resultierenden Klassengesellschaft leisten kann.

---

35 Ein Gegenbeispiel wäre die oberste Eishockeyliga in der Sowjetunion. Die Eishockeynationalmannschaft rekrutierte sich weitgehend aus zwei Vereinen, weil alle herausragenden Spieler zu diesen Vereinen gingen oder gehen mussten. Die Monotonie in der Meisterschaft war entsprechend groß, kann aber offensichtlich nicht durch Kommerzialisierung erklärt werden.

Quellen

Bild (2012): Meister Prognose.http://www.bild.de/sport/fussball/trainer/grosse-mehrheit-tippt-auf-bayern-muenchen-13580874.bild.html

DFL (2012): Bundesliga Report 2012.
http://static.bundesliga.de/media/native/autosync/dfl_bl_wirtschaftssituation_2012_01-12_dt_72dpi.pdf

Dobson, S.; Goddard, J. (2001): The Economics of Football.Cambridge U. P., Cambridge, (vierter Nachdruck 2006).

Frankfurter Allgemeine Zeitung (2012): Fouls in der Bilanz.
http://www.faz.net/aktuell/sport/fussball/financial-fairplay-fouls-in-der-bilanz-11336061.html

Fußball-Daten (2012) : http://www.fussballdaten.de/

NBA-Daten (2012): http://www.basketball-reference.com

ntv (2012): 2te Liga gibt kaum Geld aus. http://www.n-tv.de/sport/2-Liga-gibt-kaum-Geld-aus-article3745846.html

UEFA (2012): UEFA- Reglement zur Clublizenzierung und zum finanziellen Fairplay. Ausgabe 2010.
http://de.uefa.com/MultimediaFiles/Download/uefaorg/Clublicensing/01/5 0/09/24/1500924_DOWNLOAD.pdf

Wikipedia (2012): NBA Salary Cap
http://en.wikipedia.org/wiki/NBA_salary_cap

Wikipedia (2012): Premier League.
http://de.wikipedia.org/wiki/Premier_League

Internet-Quellen sind unter dem angegeben Link im März 2012 verfügbar gewesen.

www.ingramcontent.com/pod-product-compliance
Lightning Source LLC
Chambersburg PA
CBHW060653150426
42813CB00053B/762